Matthieu

MATTHIEU
Édition : Valérie Calvez
Corrections : André Tourneux
Mise en pages : CW Design
Impression : Colorix (Bulgarie)

ISBN : 9782875422644
DÉPÔT LÉGAL : D/2022/12.379/04

© Renaissance du Livre, 2022
Tous droits réservés. Aucun élément de cette publication ne peut être reproduit, introduit dans une banque de données ni publié sous quelque forme que ce soit, soit électronique, soit mécanique ou de toute autre manière, sans l'accord écrit et préalable de l'éditeur.

Nathalie Gondry

Matthieu

JOURNAL D'UNE MÈRE EN APNÉE

Sommaire

Partie 1 — 13

- La cigarette — 15
- Les e-mojis « cœurs rouges » — 18
- L'impact, le choc, les tonneaux — 25
- Lâcher-prise — 32
- Tigre de douceur — 36
- Les mots nous manquent — 39
- La chevelure — 42
- Les meurtrissures — 48
- Le dessin — 54

Partie 2 — 63

- Les signes — 65
- La contraction J-6 — 70
- Le chat noir J-4 — 76
- Les plumes — 81
- Balenciaga PNL (Peace N Love) — 87
- Le cimetière — 101
- Le sevrage — 114
- La ceinture — 129
- La piscine — 141

- Épilogue — 157
- Le dénouement — 177
- Remerciements — 189

Dix juin 2021, vers vingt-trois heures. Alors que mon mari et moi dormons déjà, nous recevons un appel. Son portable est sur la table de nuit. Ce n'est pas habituel. Normalement, il ne le prend pas avec lui la nuit. Il décroche : « Matthieu a eu un grave accident. » Notre fils est accidenté.

Notre fils meurt. Notre fils est déjà mort au moment de l'appel, il a dix-neuf ans. Mon mari croit à des blessures, mais je sens sa mort venue. Il est à la place du mort. Mon mari le croit encore vivant. Il va revenir. Mon corps se met à trembler dès l'appel, je connais déjà son sort, je deviens épileptique. J'entre dans un trou noir. Non, je ne dors pas ! Je suis en mouvement dans toutes les pièces de la maison, je pousse un cri, « deux heures de cri », me dira-t-on. Je hurle comme une louve. Je suis dans le noir, guidée par un fin faisceau lumineux, le jour ne se lèvera que le lendemain à quatorze heures.

La vitesse.

L'ivresse du conducteur, qui est sauf.

Les tonneaux ont démoli le véhicule, Matthieu aussi.

Il nous a appelés peu avant. Il est sur le chemin du retour.

Je suis sa mère, sa narratrice, l'auteure d'une bonne partie de ce récit. J'efface le nom de ses sœurs, il n'y a plus que le sien, Matthieu. Puis je m'arrête. Avant d'effacer ma mémoire, je reviens. Ses sœurs reviennent aussi : Élyse et Valentine. Je reviens à moi enfin. Je viens me ressourcer. Je ne vis pas, je survis.

Des mots posthumes me viennent, mot à mot, alors que je me trouve devant le cercueil encore ouvert. Je les écris noir sur blanc, les inscris les uns après les autres sans logique, sans réfléchir. Ils me viennent, c'est aussi simple que cela. Un par un, je les développe, ils s'imbriquent, ils ne demandent pas à être remis dans l'ordre, ils sont déjà rangés. Je les suis. Je décortique jusqu'à l'enfance, jusqu'à la mienne, jusqu'à la source même.

Le feu et l'eau se mêlent, se séparent, deux éléments nécessaires à la survie. Un feu brûlant qui allume des bougies, des mains qui ne les laissent pas s'éteindre, une chaleur qui réchauffe, un incendie qui peut tout anéantir. L'eau qui nous baigne avant notre naissance, qui fait se baigner les enfants, les hommes les femmes, l'eau qui nettoie, purifie, mais qui peut aussi vous noyer.

Je suis passée à côté de mon fils, à côté de signes annonciateurs. Je n'ai aucune image de notre dernière fois, pas même un regard croisé. La course du temps nous l'a volé.

Des plumes partout, des plumes là où je marche, sur le seuil de ma porte, sur ma route, dans la voiture, dans la maison. J'ai été aveugle tête baissée, j'ai été aveugle tête relevée, je n'ai rien vu avant l'absence, la perte.

Nathalie Gondry

C'est tellement dur de mourir.
À un certain moment de la vie, les choses sont finies.
Je le sens comme ça : les choses sont finies.
C'est comme ça.
Silence, et puis.
Je vous aimerai jusqu'à ma mort.
Je vais essayer de ne pas mourir trop tôt.
C'est tout ce que j'ai à faire.

MARGUERITE DURAS

Mardi quinze juin deux mille vingt et un, onze heures.
Ton corps va être levé.
On te célèbre comme une mariée.
Te voilà scellé dans ton bois clair sur un lit blanc.
On t'entoure, proche, démasqué, non distancé.
Derrière toi, un paravent de racines, en bois clair aussi.
Les hautbois, les cuivres et les tambours sont prêts.
Nos mains se nouent, nos corps se font lune.
Des femmes surtout des femmes.
Je vois ton père sur ton linceul prosterné.
Nos amis, tes amis, nos familles,
moi ta mère, tes sœurs nous nous tenons sur l'impossible.
Nous avons dansé, frappé des pieds le sol, pourtant l'hiver est chassé,
c'est l'été, le printemps passé.
Nous sommes au-delà de l'« Aurore ».
Le son au pipeau est absent.
Ce n'est plus une aubade, c'est un cortège, un rondeau qui ne se referme pas.
À toi, Matthieu, mon fils,
Cum lupis laetare.
Réjouis-toi.

Maman.

Partie 1

La cigarette

Je la sens, elle passe partout où elle peut. Elle s'infiltre par le soupirail, par un joint défectueux, sous un châssis, une porte. La fumée et ses effluves se déposent sur ta peau, sur tes vêtements. Tu fumes. Pourquoi te soupçonner ? Tu ne fumes pas. Tu sens la nicotine, celle des autres. Tu ne consommes pas, ce n'est pas ta faute si tes potes se collent à toi. Ce n'est pas ta faute si tous t'entourent. C'est moi, mon odorat est trop développé. Tu ne vas quand même pas t'écarter d'eux à chaque fois. Leurs relents, ton haleine, ne sont que de faux soupçons. Les cendres déposées sur le bois neuf de la terrasse ne sont pas les tiennes, tu ne fumes pas, ça vient d'ailleurs, les filles d'à côté, ma sœur peut-être.

Aujourd'hui, je n'ai plus cette odeur de tabac autour de moi, mais tu me donnes envie de fumer. Comme avant, comme à ton âge, non, bien avant le tien. Ce pitoyable goût dans ma bouche me rebute un moment, puis j'allume ma première cigarette. Je ne fume plus depuis combien d'années, je ne sais plus. Juste avant ton arrivée en moi, je me souviens avoir arrêté par dégoût. J'ai tenté à nouveau après ta naissance. J'ai récidivé entre ta sœur et toi, ça n'a pas duré. Je vous ai eus jeune. Pour toi, on a été fous, même inconscients. Alors, t'en vouloir ne m'effleure pas, c'est juste que tes bobards m'agacent, mais je ne te questionne plus. Je sais, c'est tout. Tu sais que je sais, mais t'obstiner à nier est un jeu d'enfant. Notre jeu n'est pas de bois, d'autos miniatures, d'animaux en plastique. Entre nous, aucun jeu de société, chacun joue de son côté.

Le soir, tu sors, je dors tôt, on se dit bonsoir, mais pas pour les mêmes raisons. Parfois, tu vérifies mon sommeil. Mon somnifère agit une fois sur deux. La porte de ma chambre s'entrouvre, puis tu la refermes. Je t'entends dans la nuit, je t'imagine dans mon dos. Tes cendres qui ne sont pas les tiennes continuent à se déposer, parfois elles s'envolent plus loin, changent de trajectoire. Les mégots restent. Tu ne fumes pas. Le temps passe. Tu oublies ou tu n'arrives plus à simuler ou les deux. Les mégots prennent place dans mes photophores, sur les copeaux de hêtre qui entourent la pelouse du jardin. Ils se dissimulent sur un coin de ta fenêtre, de ta chambre, sur le *roofing* de la plate-forme.

Je crois que ton plan ingénieux pour réussir à te faufiler entre ton volet à demi ouvert et ta fenêtre la nuit sans bruit fait de toi le plus audacieux de vous trois. Tu oses tout, même si tes doigts au final doivent se coincer entre les battants, pourvu que ta dose t'aide à t'endormir. Comme moi, la nuit ne t'apaise pas. Je découvre le pot aux roses un matin, tes cibiches entassées les unes sur les autres dans un coin de ta fenêtre. Elles ont la forme d'un pâté de sable. Tu continues de jouer avec moi. Ce n'est plus la peine cette fois de te défiler, mais ce n'est pas toi, toujours pas, puisque tu es de toute façon absent à ce moment-là. L'abondance des mégots ne laisse planer aucun doute. Il n'y a que toi qui dépasses toujours les limites. Pour moi, ce n'est plus la peine d'en rajouter, je sais que ça vient de toi.

Un soir, tu te laisses surprendre sans le vouloir. La fumée passe derrière toi, ton bras dans le dos la laisse apparaître, mais tu ne fumes pas encore. Tu es pris, mais tu ne fumes pas. Ta cigarette est coincée entre tes doigts, pas dans ta bouche. En vitesse, tu trempes ta clope dans le photophore d'eau, le bruit est le même qu'à l'allumage, mais sans l'incandescence. Il fait nuit. L'ombre de ton corps se réfléchit dans la fenêtre de l'arrière-cuisine, tu es dans le noir. Ta silhouette se découpe dans l'obscurité, papa reconnaît tes contours, il me le raconte le lendemain. Je te vois bien comme un tronc calciné.

J'ai cherché dans tes tiroirs un reste de tes paquets. Je n'en ai trouvé aucun. J'ai soulevé tes oreillers, regardé sous ton lit. Je suis en manque. L'envie de fumer me vient en urgence. Je réfléchis à qui peut m'en procurer. Je ne m'en cache pas comme toi. Tu n'es plus là. On me voit en manque. Je demande à ma sœur une ou deux cigarettes pour finir ma soirée, surtout ne pas acheter mon premier paquet, la récidive serait alors déclarée. Le saule se frotte à moi. Assise, je tire doucement, tellement longtemps. J'ai peur d'oublier le geste. Je m'exerce. La première taffe me retourne le cœur. La deuxième me tourne la tête. La troisième me calme instantanément. Je fume pour toi à la place de tes doigts sous l'arbre, m'installe au fond de notre jardin, on peut me voir, pas à ta place mais à la mienne ; toi tu ne t'es jamais montré.

Ce que je sais de toi est infime comme la durée de la consumation d'une cigarette, comme l'infiniment petit qu'une mère sait de son enfant, peu, si peu, un bref instant. Une minute trente de lui, cela suffit pour savoir l'essentiel. On m'apprend qui tu étais à l'extérieur de chez nous. Tu es débordant. Tu gardais tant pour les autres. Je m'estime déjà chanceuse d'avoir eu une partie. Tes cendres ne se dispersent plus. Tes mégots ne s'accumulent plus dans l'égout du voisin d'en face, pas plus qu'ils ne flottent dans ma décoration de terrasse. Tout s'est envolé. Je n'ai plus de preuves de toi en train de fumer, juste certains mégots que je viens de découvrir ; oui, je ne sais pourquoi enfin tu t'étais décidé à te servir du pot faisant office de cendrier sur le devant de notre maison. Leur nombre : tout au plus cinq. Un par jour ? En deux fois ?

En une ? Tu as déjà disparu quand je m'aperçois que tu as consenti à suivre ma règle. Tu as écrasé tes derniers mégots au bon endroit. J'allume une cigarette avec ton briquet, un qui traînait, ça ne peut être qu'à toi.

Les e-mojis « cœurs rouges »

« L'église est pleine à craquer. » Le prêtre commence son sermon par ces mots. C'est un homme de taille immense, d'origine africaine. D'emblée, il écarte ses bras au-dessus de l'autel, comme un albatros qui déploie ses ailes. Il s'embrouille dans les noms de tes parrain et marraine de baptême. Sa prononciation tend à faire sourire. Je ris même, derrière mon masque. J'aurais ri sans masque tout autant, toi aussi. Il t'acclame, voilà que tu entres dans l'amour de celui qui va te recevoir, au-delà de nous et à jamais. Il chante ton prénom en une prière liturgique, deux syllabes qui durent... Je t'ai appelé si souvent, si vite, j'ai même coupé au plus court : « Mat ». Lui, il prend son temps, ses bras sont toujours ailés. Puis, il nous invite à nous asseoir.

La brassée humaine qui nous entoure me réconforte. Moi qui angoisse dans une foule, celle-ci a une chaleur particulière. Sans effort, elle me pousse à me soulever de ma chaise jusqu'au pupitre, le micro devant ma bouche. Est-ce qu'on m'entend ? Est-ce qu'on ne va pas m'entendre ? Oui, on va m'entendre. Je hausse la voix, je veux qu'on m'entende parler de toi. Pour la première fois de ma vie, je suis oratrice volontaire. Je ne pense qu'à parler de nos derniers échanges que voici :

« Depuis un bout de temps, nous vivons décalés, nous mangeons décalés. Est-ce le Covid qui a mis de telles distances dans notre maison ? On se croise, on se salue d'une pièce à une autre, on se parle peu, on s'évite, je crois. Est-ce à cause du Covid ? Nous avons chacun nos horaires, même nos repas se cloisonnent. On mange séparément. Je m'en rends compte un jour comme un autre, seule assise devant mon assiette. »

Alors, je me mets à converser avec toi, en SMS. J'utilise les emojis, ces petites têtes jaunes qui ont le pouvoir d'exprimer une vive émotion sans même la décrire avec des mots. Ces petites têtes épistolaires que je t'envoie soulignent le ton de mes fins de phrases. Il y a aussi les cœurs, les cœurs rouge pourpre. Je suis retournée aux derniers SMS que je t'ai envoyés, Matthieu. Avant cette nuit atroce où les murs de la maison ont tremblé de mes cris.

Premier juin 2021 : je te demande si tu veux des pâtes au pesto, suivi de cœurs rouges. Tu me réponds de les garder pour demain. Deux juin 2021 : je réclame ta compagnie, depuis le canapé ; toi, tu es au-dessus de moi dans ta chambre, tu ne réponds rien, tu t'es endormi comme un enfant. Il est un peu plus de 21 h 30. Trois juin 2021, 20 h 30 : je te demande « quand rentres-tu ? », suivi de cœurs rouges et d'une tête jaune tirant la langue. Tu me réponds que tu arrives bientôt et moi je te précise qu'il reste du pain de viande au frigo, encore suivi de cœurs rouges. Les quatre et cinq juin 2021, je suis de garde toute la journée, nous n'échangeons rien. Le six juin, 20 h 50 : on ne s'est pas vus du week-end, je veux me rattraper en te laissant le choix d'un repas, toujours suivi de cœurs rouges. Tu me réponds que tu arrives et que demain, promis, tu restes avec nous sans préciser ce que tu veux comme menu. Tu fais suivre aussi des cœurs rouges. Ils prennent parole : « je t'aime ». Nous sommes rassasiés. Neuf juin 2021 : tu dors chez Dari, ta petite amie. Tu inverses. D'abord « je t'aime » suivi de cœurs rouges. Tu m'ouvres l'appétit. Le dix juin 2021 : je suis de garde, je ne t'ai pas vu hier, je rentre vers les vingt heures, papa me dit que tu as travaillé avec Nicolo, pris une douche en vitesse, lissé tes cheveux, tu sors avec des copains que nous n'avons jamais rencontrés, nous ne connaissons rien de leur existence, qui ils sont, tu es en route pour La Terrasse à Mons. Papa et moi allons nous coucher vers 22 heures. Il t'envoie « sois prudent au retour ». Tu lui réponds de suite que vous rentrez dans une heure...

C'est long une heure dans une vie à t'attendre, tout notre horaire est suspendu à cette heure sans retour. Nous ressemblons à ces têtes jaunes avec des coulées de larmes en crue sur nos joues et nos cœurs sont sanglants. Il me reste ta boîte vocale. Je fais ton numéro des dizaines de fois après ton accident. Ta messagerie absurde et agaçante défile. Ta voix s'infiltre en moi. C'est toi qui rentres dans mes oreilles, tout de toi reprend sa place en moi. Mon cœur bat la chamade dans ma poitrine, celle qui t'a nourri et qui à son tour se remplit de ton écho. Tu es revenu te blottir dans mon intime intérieur.

Je ne te laisse qu'un seul message aujourd'hui sur cette estrade dans ton église: une tête jaune souriante entourée de cœurs rouges. Ce soir, je me le suis promis, j'effacerai ton nom de mon GSM, car tu es rentré en moi en parlant. Tu es mort en chantant l'hymne italien. Je n'ai plus besoin de t'entendre dans une boîte vocale. Je supprime ton nom, ton numéro ce soir avant minuit.»

Sur l'estrade, je suis suivie de tes sœurs, ton aînée et ta puînée. Elles se collent comme des siamoises. Ce qu'elles te disent est un conte fraternel. Tu es une partie d'elles serrée dans leurs mains. Elles ont chacune leur double. Elles proclament chacune un couplet, un souvenir de toi, puis se séparent au pupitre, repartent avec ce qu'elles ont pris de meilleur en toi: ta protection, ton rire, tes caresses cachées, tes mots réconfortants au pied de leur lit. Tu es leur poussin, tu es bleu, jaune, vert: un poussin naît jaune, mais il y a le bleu de tes yeux et le vert de ta vareuse.

La maman de Nicolo a perdu ce matin les mots qu'elle avait écrits pour toi, elle part sans, elle pleure dans sa voiture. Elle veut te décrire comme elle l'a fait sur ses mots égarés. «Tant pis.» Elle dit dans le micro: «Tant pis.» Elle va improviser, c'est le mieux à faire. Elle a eu un privilège, celui de te rencontrer. De tout ce qui va suivre, je ne retiens que ce mot: «privilège». Et ces trois qualificatifs: «être choisi, être élu, être aimé».

Vous ne vous choisissez pas tous les deux, vous êtes pour moi deux élus, vous êtes des dons qui se trouvent. Tu lui donnes tes sourires, tes attentions. Elle partage son amour de mère pour toi, tu es comme son troisième fils. Elle t'intercale entre les siens : Nicolo et Vitalino. Elle t'offre ses dons énergétiques qu'elle met en pratique sur toi. Tu lui donnes en retour ton âme pure. Je retiens aussi ça : « Âme pure. » Avoir reçu son amour de mère, autre que le mien, n'est-ce pas pour moi tout autant un privilège ? T'avoir eu, un bout de toi « dans sa vie », c'est ainsi qu'elle le dit, une infime part lui a suffi à te comprendre.

Souvent par moi, tu ne te sentais pas reconnu pour ce que tu étais. Tu te trompais. Je sais moi aussi une infime partie de toi, et c'est infiniment grand. Tu es grand, c'est vrai. Dans un temple comme toi, comment entrer ? Comment ? Tu ne m'as montré qu'un morceau de parchemin, c'est déjà ça. C'est même grandiose. Je parle sur l'estrade de nos cinq derniers jours d'échanges, des mots, des bouts de phrases colorés. Grâce à la maman de Nicolo, je sais ce que tu fais au quotidien ; avec ses deux fils, tu es devenu son petit dernier.

Chez nous, nous sommes tous restés éparpillés, gardant les mesures de cette année passée. Nous nous sommes rapprochés de nouveau physiquement, peu c'est vrai, avec tes sœurs c'est pareil. C'est vrai. La voix des ondes est un moyen. Je l'utilise pour arriver à vous, à toi. J'y arrive à toi. Ta première réponse est tellement inattendue, je la lis, la relis entre deux soins. Je ne peux mettre de côté le fait que ta famille d'accueil n'y soit pas pour quelque chose. Il y a tout chez eux, qui te manque chez nous : l'écoute, le lâcher-prise, les rires, du cœur et des hommes. À chacun sa place.

Nous nous fuyons depuis peut-être qu'un simple effleurement me gêne, que mes bras ne s'ouvrent plus, depuis que j'ai mal un peu partout. Des douleurs sans visage, derrière je crois qu'il n'y a personne. C'est arrivé brutalement, cet inconnu. Je vous fuis à la moindre fébrilité ambiante, quitte la pièce, monte dans ma chambre lire, quitte la maison prétextant un oubli, un soin, une course à faire. Je fuis dès que la température ne me convient plus, me rend malade, je ne sais où, c'est un peu partout en moi. Comme la maman de Nicolo, tu as ce don d'unifier, de rendre irréductibles les choses fondamentales : l'amitié, la famille, le non-jugement. Tu es un relieur. C'est rare. Ce qui l'est aussi, c'est de pouvoir te donner partout où tu vas. Je n'ai rien vu, me voilà bien aveugle au point de ne distinguer aujourd'hui pour ta cérémonie que quelques regards et d'être sourde aux applaudissements qui t'entourent. Tu fais de moi une indivisible.

Que pourrais-je te donner de plus, sinon moi tout entière. Je suis devant toi et tout autour, même au-dehors ce matin les portes immenses de l'église restent ouvertes, des centaines et des centaines de pieds se tournent sur ton passage. Nous dépassons les normes requises, nous sommes plus de trois cents, l'escorte de police s'est retirée. Je ne me sens plus oppressée par la foule. Sans toute cette brassée humaine, je serais encore plus creuse, plus vide et plus seule. Sans elle, je n'aurais sans doute pas pu parler de toi. Sans elle, je n'aurais pas dévoilé nos derniers jours de sacrement. Ils le sont : sacrés. Ils se sont déclenchés comme un compte à rebours, il y a à peine septante-deux heures, on se souriait comme avant, on s'aimait comme avant, je te donnais ma confiance, je crois pour la première fois. J'ai lâché prise, ça faisait longtemps, je me suis sentie bien. Ta mère t'a laissé partir sans mal. C'est la seule chose que je peux me dire d'avoir bien faite, te savoir allé sans plus aucun reproche. Tu allais revenir ; tu revenais, tu es sur le chemin du retour.

Quelque chose est venu me frapper derrière mon sternum, d'une forme ronde comme la terre, comme le globe vu du ciel, de la taille d'une orange à jus. Ce n'est pas mon cœur. C'est une présence. Elle ne me lâche plus, moi non plus, elle est venue s'installer, là voilà engorgée, prête à s'attaquer à ce qui l'entoure : un de mes organes, mes os, mes muscles, mon sang. Elle est encagée comme un oiseau qu'on vient d'empailler. Pour l'instant, c'est une image qui s'est figée dans mon esprit. Un oiseau mort qui fait semblant de l'être. Il ne peut pas bouger, je l'en empêche, mais à tout moment je pourrais le laisser me pourrir.

Je te suis, tu ne touches plus terre, tu es lourd, huit gamins comme toi te portent. Je ne verse aucune larme, je ne souris pas non plus, j'ai un teint de cire, du front de l'allée jusqu'à la sortie. Si je marche, je ne sens qu'une marche. Le trajet est lent, et pour moi trop court, pendant ces quelques minutes où retentit le chant des magnolias, je suis comme un petit animal conservé dans l'apparence de la vie. En sortant, le soleil est éblouissant, nous passons comme d'une chambre froide à un sauna. On frôle les vingt-huit degrés après avoir passé le porche.

Ta messe est terminée. Un cortège, un rondeau, une assemblée, tout cela à la fois. Je me retourne sur le premier venu, je dis : « C'est pire que la place Saint-Pierre à Rome, c'est pire que le pape. » Je sors de l'église derrière toi, vêtue de blanc ou presque. Mes chaussures, mon gilet sont saumonés. C'est ma tenue de cérémonie, lumineuse comme le soleil qui t'accompagne. La chaleur nous tombe dessus, nous plombe devant toi. Te voilà marié à celui qui te sauve ici, au plus bas. Encore un peu et je me rallie à toutes tes convictions. Tu as la majorité tout autour de toi pour me faire pencher de ton côté. C'est toi que l'on porte et c'est moi qui te suis tout immaculée. Je me déchausserais bien et laisserais tomber ce qui recouvre mes épaules. Mes pieds, mes bras nus ne t'épousent-ils pas ?

Ta petite amie nous suit. Ton visage est décalqué sur son tee-shirt blanc, et sur ses jambes tombe une jupe à volants noirs. Elle reste à moitié mariée. Toutes deux, Darina et moi sommes plantées à tes pieds, ton cercueil est prêt à glisser sur des rails dans le corbillard. Ta petite amie n'enfreint pas la règle puisqu'elle te voulait mari ; son haut est blanc de toi, de tes yeux bleus. Ensemble, vous êtes rentrés dans l'église, toi en tenue réglementaire tout de noir vêtu. Les volants de sa jupe, depuis sa taille portent le deuil comme la tradition le veut, ils tomberont après une année. Vous êtes si jeunes, vingt ans, même pas. Elle te donne sa main, même sans la tienne. Un anneau, elle te fait la promesse de ne jamais en porter. Elle est perdue, seule sans toi, aucun autre ne te remplacera. Elle en fait la promesse. Toi, son complice, son ami, son amour tu le resteras. Quelques mois vous séparent. Dans deux mois à peine elle fêtera ses vingt ans. Si jeunes, vous vous êtes promis. Vous aviez seize ans. Ça arrive de s'unir et de se désunir en une seule cérémonie ? De toi, divorcer jamais. Elle en fait la promesse. J'espère pour elle que son bonheur futur ne se résume pas à ceci, sous le porche. Ce n'est pas elle que tu portes dans tes bras, c'est toi qu'on soulève. Pour l'instant, elle t'entoure de cœurs rouges sur vos photos. Ils sont partout, tes sourires aussi. Elles vont jaunir, dérougir. Elle te voulait père de ses enfants, c'est une promesse qu'elle ne pourra pas tenir puisqu'elle en voulait au moins trois, toi tu en voulais au moins cinq. Dedans, des jumeaux, dans sa famille c'est héréditaire, d'ailleurs elle-même a un jumeau, Matteo, c'est ton prénom en italien.

Il est minuit passé, Kathy, la maman de Nicolo et Vitalino, sans raison sort sur le seuil de la porte, il lui semble qu'on l'appelle, leur jardin est gardé par un grillage, derrière il n'y a personne. Elle ne voit, n'entend rien. La rue est silence. Sur un fil électrique au-dessus de sa tête, une chouette la regarde, sa tête gigote de droite à gauche. Kathy fait de même, abasourdie par la présence du rapace. Ici, c'est la première fois qu'elle en aperçoit un. Elle n'ose faire un mouvement, un pas, il n'y a que leurs deux têtes qui vont, qui viennent. Il est passé minuit, c'est un autre jour. Il va falloir dormir, il va falloir chasser. La chouette déploie ses ailes immenses, « mais immenses » insiste-t-elle, puis la chouette prend son envol sans un seul cri, « tout ça dans un grand silence ». Kathy continue ses mouvements de tête, son cou est transformé en minerve, comme la déesse de la sagesse ; cette nuit quelque chose l'arrête, de ses propres yeux elle en prend conscience.

L'impact, le choc, les tonneaux

Je m'exerce à faire chanter le bol tibétain qui m'a tapé dans l'œil lorsque je suis allée acheter l'encens de l'Ange Gabriel pour toi. Je demande s'il faut prendre des cours, la vendeuse me laisse entendre que le bol et moi devons nous apprivoiser, je dois m'exercer chaque jour, il finira par vibrer puis chanter. J'y arrive une seule fois sur les quinze à vingt autres essais ratés.

Ma réflexion, ce soir, se porte sur ce que je vais te laisser, ce que je vais reprendre une fois sur place là où tu as terminé ton chant, puisque tu chantais.

On me dit qu'il y a eu un premier impact, une tracée blanche sur la berme centrale, ensuite une autre quelques mètres plus loin, finement plumée, deuxième impact, les tonneaux puis le choc final. C'est là que tu as fini, c'est là que je me rends. Au crépuscule. 21 h 15. Départ du poste de police. Arrivée à 21 h 40 sur les lieux. J'ai dix minutes. Un rien pourrait me faire changer d'avis, tout annuler et revenir comme je le fais depuis des jours dans un temps indéfinissable et vide où la place est aux tonneaux. Je suis dedans tout le temps. La nausée, je l'ai. Tu es le passager, à la place du mort, tu es considéré comme le plus faible, je ne vois que toi en vie dans le tourbillon des tonneaux, les deux autres sont morts déjà. Je ne vois que toi qui tournes, détaché, qui ne heurtes rien qui flotte comme un astronaute dans son cockpit spatial. Tu es le seul en vie. Je peux voir l'effroi sur ton visage, mais il n'est pas pour ta personne, il est pour ceux qui t'entourent, pour nous et tes sœurs. Tu ne penses pas à toi. Toute ta vie est sur ton visage. Elle défile pour nous.

L'espace qui t'entoure dans l'habitacle, je le vois se démener pour te garder en flottaison, mais ta tête double de volume, tes cheveux sont arrachés, ton crâne est rasé comme celui d'un moine, tes yeux sont ouverts. Le premier choc du premier tour est le premier et le dernier que tu as ressenti des trois. C'est dit, confirmé. Moi, je te vois toujours en vie partout.

    Je suis passagère derrière C., l'assistante sociale. Elle est à ta place, ceinturée, tenue. Vous vous seriez plu, par son humour, son rire spontané, ses yeux ronds marron pétillants. Elle pétille, ses mots sont veloutés. Tu lui sembles une personne plaisante et chaleureuse, elle me l'a dit. Une autre voiture policière nous devance, nous ne sommes pas présentés, c'est une recrue, un petit nouveau. C'est lui qui nous balise la bretelle d'autoroute. M. est le premier inspecteur de garde ce soir. Il l'était aussi le soir de ton accident, grand, robuste, il place la décontraction où il peut. Il me suggère, si je le désire, après m'être recueillie là où ils t'ont retrouvé, de faire le trajet de ta dernière soirée. J'accepte. Il me dit que ça fait partie de son travail. Je lui offre tes pralines préférées, des blanches, un demi-kilo. Je dépose le sac sur une boîte Curver plastique remplie d'alcootests. Il ne me remercie pas. C'est son travail, c'est tout. Je réponds que c'est le mien aussi. M. se gare et nous sortons du véhicule. Il m'explique tout. J'écoute tout, regarde tout. Je suis sans lunettes, mais je peux tout voir sans effort. L'ordre dans lequel j'ai agi est automatique. Un briquet jaune traîne sur la route, je le prends. Dessus est inscrite la marque que tu utilisais. Des petites fleurs blanches sont parsemées dans l'herbe, avec l'aide de mon petit couteau de cuisine je déblaie la terre qui entoure les racines, elles sont profondes, j'en brise une poignée, la jette, tente sur une autre racine. C. veut m'aider, mais je ne pense qu'à vouloir atteindre les racines, je frôle ses doigts avec le couteau sans la blesser, je crois enfin, il me semble ne pas m'excuser, je creuse, je creuse, je laisse le couteau de côté, je fais des pelletées avec mes doigts, mes ongles sont incrustés, noirs, l'odeur de la terre m'arrive aux narines, ça me fait tant de bien de la sentir, une racine vient à moi. J'arrache à mains nues des poignées de coquelicots, frotte mes mains à l'essuie-tout, remballe mon couteau, mes fleurs. M. veut aller à la voiture chercher de l'eau pour me laver les mains. Non, ça ira. Pas le temps, mes mains ne sont pas sales, elles sont imprégnées de ta zone d'atterrissage ça me rapproche de toi. Je continue, je n'ai que dix minutes. Sur la route où ton corps est étendu, je prends une rose blanche de mon panier, elle est la seule, j'arrache ses pétales les fait voler comme on lance du riz sur un couple marié.

Les arbres dans mon dos me rassurent, je vais vers eux, trouve un endroit pour déposer une neuvaine avec une tête de Christ, le fils de Dieu, ton Père Tout-Puissant. Le sol est rempli de ronces, instable, je repars en arrière en vitesse, un morceau de pare-brise resté sur la pelouse jonchée de fleurs sauvages pèse lourd, il peut me couper, M. n'a pas le temps de m'aider que déjà la tête du Saint se met à brûler dessus. Je continue, je sais pour le temps restant, peu si peu. Je fais vite. Une branche à la hauteur de mon visage se présente, j'y accroche mon bracelet, l'œil du tigre, celui de la protection et de l'accompagnement, c'était pour la mienne et les patients que je soignais, maintenant elle est à toi tout entière. J'annonce à voix haute que je termine, mais j'ai du temps je peux le prendre.

Il y a bien plus de dix minutes que nous sommes là ou bien j'ai perdu la notion du temps. Je reviens à toi, à ton corps échoué sur la route. Je demande avec la plus grande exactitude la place de ton corps. Je sors mon bol, ma concentration est un peu dérangée par les voitures venant en sens inverse, leur bruit est le même que celui dans ma tête ces derniers jours où l'accident y prend toute la place. Je m'encercle en visualisant une membrane transparente que moi seule peux imaginer. Elle amortit la vitesse des automobiles, une barrière de silence se colle à moi. Ma paume en calice accueille le bol, j'y mets toutes mes intentions, j'essaie dix fois, quinze fois même, pas l'ombre d'un début d'onde ne se produit. Rien. Mon maillet tourne à vide. Aucun bruit, aucun son, rien. Je m'assieds en tailleur sur tes pétales de rose, recommence encore encore encore. Je vois C. de biais qui s'est rapprochée de moi. Sans la regarder vraiment, je sens qu'elle fait non de la tête, sans relever la mienne je fais le même geste. Nos regards se croisent et je dis que tu n'es plus. On est d'accord. D'ici tu as disparu.

Je peux encore rester si je le veux. Mon sac est vide. J'ai tout épuisé de mon rituel. Puis je demande à M., le policier, d'être encore plus précis sur la place de ton corps. Il hésite puis il pointe un doigt là. Là. Telle une musulmane, je m'agenouille, ma main gauche tient mon front, pourquoi je mets cette barrière entre ma peau et l'asphalte, ma main droite caresse l'asphalte je fais des cercles comme quand je touchais mon ventre avec toi à l'intérieur. Le sol est chaud. Ce sont mes premières larmes. Mes épaules sursautent, se secouent, mes larmes touchent le sol. Je voudrais ne plus me relever, jamais. C. est à ma gauche, M. à ma droite. Ils se rapprochent, mais quelque chose qui vient de moi, de l'ordre de la répulsion, les empêche de me toucher. Surtout qu'ils ne me touchent pas, pas maintenant. Jamais. Je colle à toi, j'ai plaqué mon front sur la route et fais tourner tourner mes mains sur le tarmac. Il est doux mon dieu quelle douceur entre le sol qui t'a reçu et mes paumes qui tournoient tournoient. Ils s'avancent ensemble encore à petits pas, des patins, doucement, doucement, beaucoup trop vite. Un de mes bras se tend et ma main raccompagne mon front. Je reforme un barrage entre toi et moi.

Le temps est écoulé. Je me relève seule. S'ils m'avaient aidée, m'avaient soutenue, chacun un bras de chaque côté ou même frôlée, dieu sait que j'aurais pu vendre mon âme au diable. J'aurais peut-être pu les blesser physiquement. Nous remontons dans la voiture. M. propose de faire le trajet de ta dernière soirée. Je tente de chasser cet esprit du mal et de redevenir moi. On se dirige vers le « Bouddha », mais « tu venais de La Terrasse de Mons ? ». « Non, c'est le Bouddha qui a installé avec les mesures Covid une terrasse extérieure » je n'avais pas compris ça. Mais ça ne change rien pour moi, c'est pareil, c'est une boîte de nuit. La nuit à l'extérieur c'est bien mieux pour toi, c'est ce qu'il y a de mieux, être hors d'une boîte, fumer ta clope avec le ciel au-dessus de ta tête, l'humidité du soir ranimant tes joues, sa fraîcheur sur tes cheveux. C'est une nuit à ciel ouvert qu'il te faut. En boîte, tu étoufferais.

L'inspecteur s'arrête en face sur le parking à gravier et montre du doigt le genre approximatif de voiture dans laquelle tu montes. C'est la même marque que la nôtre, plus allongée, plus sportive, plus imposante, beaucoup plus grande, plus luxueuse, avec un toit ouvrant en forme carrée, pas une décapotable. À ce moment précis, j'ai envie de dire « Grâce », mais je préfère garder ce mot pour un autre jour, un autre événement. Je me dis « Heureusement qu'elle n'était pas de la gamme supérieure, avec le toit ouvert. » C'est ainsi et pas par grâce que tu es resté dans le véhicule et n'as pas été éjecté. Tu es retrouvé sur le côté, une partie de ton corps a basculé sur le conducteur, un gabarit en dessous de toi, une corpulence beaucoup plus petite que la tienne. Je ne te vois plus flotter pendant l'accident, je te vois au premier impact sentir le danger, la mort venir sur vous et te pencher sur celui qui perd le contrôle du véhicule, te mettre sur lui pour le protéger, essayer de le sauver lui avant toi, tu es vraiment fait pour les faibles. Matthieu. Avec deux « t ». Comme saint Matthieu.

Nous retournons au poste, prêts à nous séparer sauf si j'ai d'autres questions. Rien ne me vient, tout m'est arrivé. Je ne veux plus que repartir et pourtant je ne bouge pas. Maintenant, je voudrais une approche, mais pas physique, un soutien, mais pas physique, des mots qui sortent d'une bouche, une phrase courte comme une main posée sur une épaule. Aucun d'eux ne se permet de la prononcer. La nuit est tombée, derrière le grillage une silhouette se faufile d'un bloc bétonné à un autre, c'est un chat de la même couleur que le nôtre, anthracite, sauvage de toute évidence, il y a peu d'habitations aux alentours, il doit chasser pour se nourrir, se faufiler pour se protéger, courir vite pour ne pas se faire écraser. Sauvage, autonome, et libre, il se suffit à lui-même. M. rompt le silence devenu lourd avec une phrase de réconfort enfin : tu me viendras par signes, peut-être ? Même dans peu de temps, dans un an ou plus. Mais des signes, j'en aurai. « Les coquelicots, me dit-il, ceux que vous avez arrachés tout à l'heure, vous savez que leur signification a une importance capitale sur les routes. Après la guerre, sur les champs de bataille, c'est la première fleur qui refleurissait, elle est le symbole du soin et de l'apaisement. » Elle est portée aussi sur le cœur des derniers combattants qui ont servi pour sauver les leurs. Je ne le savais plus. Je l'avais lu, mais je n'avais plus de souvenirs.

Le soir, je ramène chez nous une partie de ce qui se trouvait autour de toi. Mon GSM n'a cessé de vibrer, il a pulsé tout le long de ce temps qui m'a été octroyé, des envois de cœurs rouge pourpre qui battent en même temps sur mon cœur. Mon téléphone a vibré au même rythme que le mien. Le matin, j'avais demandé de m'envoyer des cœurs rouges pour me donner le courage de venir jusqu'à toi, car le mien, s'il est rempli d'amour pour toi, bat moins vite depuis ton absence, se vide. J'ai demandé un don de sang. Plus de sept cents cœurs me sont arrivés et se sont greffés à ma faiblesse. Je repars en voiture avec C. et suis essoufflée par tous vos efforts, une bonne sensation, comme quand on est fier de sa course à pied, sa course à vélo, ses longueurs de piscine. Toutes vos pulsations font repartir mon cœur, un grand bruit de monitoring dans la tête, je peux voir sa couleur pourpre, un ton au-dessus de celui des coquelicots. Ses battements se sont inscrits ici même sur la bande blanche, ils sont à une fréquence constante indéchiffrable. Les éphémères coquelicots poussent ici depuis des siècles, symboles de sang versé après une sauvagerie. Ils sont sur place les premiers secours.

Vous m'avez apporté vos soins après être revenus de la plus dure bataille ici jamais connue encore. Vous êtes tous toutes des cœurs coquelicots. Sur le trajet du retour, ils se fanent et perdent vie. Je viens d'ôter ce qu'ils avaient de plus précieux, les déraciner n'était pas une bonne idée, pardon pardon. Il faut laisser la nature faire son travail, je suis si faible, nous le sommes tous face à elle. Les coquelicots sont là où ils doivent être, le long des routes, des nationales, des autoroutes, dans les sentiers ardus qui arpentent nos champs, dans les prairies. Les laisser jaillir du sol, telles des gouttes sanguinolentes, des pleureuses pour ceux qui perdent la vie. Ils se renouvellent chaque printemps. Ils sont les fleurs qui s'abreuvent d'hémoglobine, chacune d'entre elles contiennent un disparu. Merci. Plus de sept cents fois merci pour vos cœurs rouges. Ils se sont déversés là où mon fils, un petit-fils, un filleul, un cousin, un neveu, un ami, un frère, est décédé. Un écoulement aussi puissant qu'une lave qui déborde d'un volcan. Quelle chaleur venant de vous tous et de vous toutes! La route est protégée pour un long moment. Encore plus de sept cents fois merci. «Et que nos cœurs chaque jour s'ouvrent à la fraîcheur et à l'éclat des coquelicots» (Christian Bobin).

Lâcher-prise

Petit, je te tiens par la main le long du mur, l'endroit le mieux protégé sur un trottoir pour un enfant. Seul devant, tu me lâches la main. Tu te retournes, je suis là. Tu cours devant. Je te vois t'éloigner en douce. Tu te caches derrière un arbre au coin d'une rue. Tu me gardes dans ta ligne de mire. Tu grandis encore. Les courses, les boutiques, une promenade en nature, tu les évites. Des excuses, tu en as toujours. Embarrassé d'être accompagné par moi, je ne sais pas. Si cela m'est arrivé de le penser, je n'y crois plus. Je connais quelques amis proches de toi, mes cinq doigts suffisent pour les nommer. J'apprends, j'assiste au fait qu'une foule rôde depuis longtemps autour de toi. Elle gravite à une échelle qui me dépasse. Tu plais à tout le genre humain, ça ne vient pas que de ton physique, ton aura est perceptible, les gens viennent à toi. Tu n'es pas un meneur, mais un accompagnateur, tu te fais ramener ou tu t'assures de déposer tes amis en sécurité. Chez nous, tu es si muet, toujours concentré, l'esprit absent. Physiquement présent, mais là où je ne me trouve pas, je suis au salon, tu es à la cuisine. Je tente de venir vers toi, tu montes te doucher ou tu t'enfermes dans ta chambre. Tu es en ligne avec Mehdi, sur ta console pendant des heures, voire tout un après-midi. Si tu as été de sortie durant le jour, tu y joues une partie de la nuit. Nos chambres sont accolées, je t'entends t'acharner pour obtenir un score, tu veux être classé parmi les meilleurs players. Bien sûr, je m'y oppose, car cette addiction te met les nerfs à bout. La tourmente de ce monde virtuel que tu te crées parfois, tu t'y loges tellement que tu ne me vois pas ouvrir la porte. Je ne te reconnais pas, l'expression de ton visage m'effraie. Les cris sur toi que je jette, d'un revers de la main tu les balaies. Ça me rend colérique, puis triste, puis seule face à moi-même, et enfin j'abandonne, je laisse faire, te perds sous l'emprise de cette console entrée en toi. J'ai souhaité que, d'un seul coup, une panne se déclenche, sans dégâts ni courts-circuits, seulement que cette machine infernale s'arrête.

Entre-temps, Nicolo te prend sous son aile. Le matin, il vient te chercher, son bar a fermé depuis plusieurs mois suite à la pandémie, il est vendu, il se lance dans un projet alimentaire, tu l'aides, tu as décroché de tes cours au premier trimestre, pour moi c'est une aubaine ce nouveau job, tu as une activité, je suis soulagée, tu as lâché ton casque, ta manette, laissé à Mehdi le choix d'un autre compagnon virtuel. Tu retournes à la vie courante, active, je te sens mieux, souriant à nouveau. Je te vois en coup de vent, mais quand tu rentres, là où je me trouve, tu viens à moi. Le temps même s'il est écourté me paraît intense. Sans que je te le demande, tu déballes tes exploits, élabores même des projets sans que pour autant ils soient les tiens. Tu laisses mes plats préparés pour le lendemain, tu es nourri, blanchi chez la maman de Nicolo. Pour elle, tu es comme un fils, ça me rassure que tu me le dises. Elle te fait tes pâtes préférées : celles du pauvre, blanches, à l'ail, huile d'olive, sel et poivre. Tu as envie de faire mieux encore : décaper des vieux frigos pour leur donner un nouveau design, ton sweat et ton training sont couverts de peinture blanche. Un soir, je m'étonne qu'aucune lumière et aucun son ne proviennent de ta chambre, j'ouvre en douceur, le téléviseur, ta console sont fermés, la lumière est éteinte. Je veux refermer, mais sous tes draps ta silhouette m'apparaît furtivement. Tu es sous tes couvertures mais couché en sens inverse. Comment t'es-tu placé ainsi ? La tête est à tes pieds. C'est eux qui trompent ma vue. Le gros de ton corps n'est plus à la même place. Tu tournes le dos à la fenêtre, à la console. Tu fais face au mur.

Un matin, tu m'apprends que ta PlayStation ne fonctionne plus. Un modèle si neuf, c'est rare. Mon ravissement se lit sur mon visage. Je crois que tu ne le vois pas, trop occupé à chercher le motif de cette panne. De toute façon tu vas te renseigner pour en trouver la source, à cet instant je me satisfais en sourdine. Suis-je l'instigatrice, alors même qu'il ne s'agissait que d'un souhait ? Ma volonté fut-elle si intense que mon ordinateur central a déconnecté le circuit, escamoté les ondes électriques sans aucun embrasement ? Ai-je ce magnétisme ? Je commence à y croire. Pour une fois, je ne suis pas soupçonnée. Tu vérifies tous les câbles. Rien n'a bougé. Je suis sauve, innocentée. À ton égard, mes mauvais pressentiments s'étiolent, ma confiance en toi se recrée à nouveau, mes reproches face à ton manque d'investissement se transforment. Je te trouve inventif, créatif, intelligent, mais ça, je le savais déjà. Tu as des idées politiques bien déterminées, prolétaires, tu as des stratégies pour lutter contre l'appauvrissement de la classe moyenne, quelque chose se met en place, tu vois beaucoup plus loin. Je te vois comme un visionnaire.

Les termes que tu utilises pour parler économie et affaires publiques me fascinent sans que j'y comprenne le moindre mot. Tu m'éblouis. À table, ton discours me paraît plausible. Je t'encourage à forger tes opinions sur le peuple oublié, tu ne brandis aucun étendard. Pacifier, mettre à niveau, diminuer les salaires exorbitants de certains, rendre la vie acceptable pour tous, loger les sans-abri : telle serait ta mission. À table, nous sommes tous assis, toi tu es debout, tu présides depuis ta place, on t'écoute tous. Si nous étions dans une assemblée diplomatique, nous nous serions levés sur-le-champ et nous t'aurions suivi. Tu éclaires nos lanternes. Je te laisse t'absenter sans questionnement, je sens que je peux plus facilement te laisser libre d'aller là où le vent te mène. Pour t'éduquer, oui, on a fait ce qu'on a pu, mais il est difficile de suivre un indomptable. Éducateur sans papier, sans diplôme tu l'es déjà. Je sais maintenant que l'on se tient par la main, que c'est toi qui m'abrites du bon côté de la rue. Je me sens protégée comme je le faisais avec toi enfant. Tous deux nous marchons vite, tes pas sont plus grands, je dois forcer pour te rattraper. Quand ensemble nous devons traverser notre ville, tu me fais faire le grand tour, c'est-à-dire prendre les contours pour ne pas passer dans le centre. Alors, j'ai pensé que cela te gênait de m'avoir moi à tes côtés. Je me trompais. Tu savais qu'à tout moment je pouvais mettre ma main dans ton dos, toucher tes cheveux, te prendre par la main. Je comprends à cet instant l'écart que tu veux mettre entre nous, ce temps où l'affectivité et les gestes tendres d'une maman sont révolus avec l'adolescence.

Tu as une tête en plus que moi, presque vingt ans d'écart, je suis ta mère et toi tu es devenu un homme. Tu n'es plus un gosse, un enfant. Ta taille, la longueur de ta chevelure, ta carrure, ta pointure quarante-trois agrandissent l'image qui se reflète devant moi. Toujours le même je te vois, « mon petit ».

Tigre de douceur

Il nous faut trouver rapidement une phrase ou un texte pas trop long qui te rend hommage. Désignée d'office, j'emporte trois livres de Christian Bobin dans la voiture. Je repère vite trois textes qui se rapprochent de toi, mais un seul au final te correspond à sang pour sang. En le lisant à voix haute aux organisateurs des funérailles ainsi qu'à tes sœurs et à papa, tous affirment leur préférence pour celui-ci. Sans hésitation de leur part, la dernière phrase les touche en plein cœur. La voici : « Il n'y a pas de différence pour toi entre aimer et parler. Ta parole me fait un berceau d'osier avec de la dentelle de ciel. Tu es un tigre de douceur » (Christian Bobin, *La Présence pure*). Je m'étonne d'avoir écrit plus haut à sang pour sang, le flux veineux, au lieu de cent pour cent.

Le nom du félin t'a été offert lors de la cérémonie du totem à cause de tes traits de caractère et de la ressemblance physique, tu es calme, pacifique, doux, tes cheveux mi-longs en bataille sont toujours mal soignés et tu as les yeux bleus en amande. La nuit du feu de camp, tu deviens Irbis. À dix-huit ans, tu te le fais tatouer sur le bras droit, avec l'argent de tes enveloppes d'anniversaire. Lors de cette soirée organisée pour toi, tu disparais incognito, je te cherche dans la foule de la famille et de tes amis et je te retrouve seul sur les marches d'un escalier dans la pénombre d'un couloir, tu comptes tes gains. Le compte est bon, il est même au-delà de ce que tu imaginais. L'animal te colle déjà à la peau.

Dans ton linceul, je ne vois pas ton bras droit tatoué sous ton Perfecto noir. Je m'assieds à ta gauche, côté cœur, on me dit forte. On me sent courageuse. Les commentaires se multiplient sur moi, ou tout simplement sur mon cœur de mère, c'est lui qui relance tout mon être, sans lui le reste de mon corps serait exsangue. Il bat pour deux. Le tien a cessé de battre. Le mien doit travailler deux fois plus. Ma force est décuplée.

Ton visage a maintenant deux faces, l'une à l'image humaine, l'autre féline. C'est la féline que je vois, je suis de ce côté, sauvageonne. Je deviens panthère des neiges. Nous sommes, comme ces mammifères, des êtres de solitude. Nous cherchons notre abri, aimons nous retirer. Nous pouvons nous mettre en boule facilement dans un petit espace, une sorte de grotte intérieure. Ce n'est pas pour autant que nous n'apprécions pas ceux qui nous entourent: toi, ta foule d'amis, ta famille; moi, mes amis et tous ceux qui me demandent des soins, surtout les vieux, les déments, les fous, les isolés; petit à petit, c'est vrai, je me suis éloignée de toi, de nous. Nous éprouvons souvent ce désir d'être seuls face à nous-mêmes. Ces animaux sont dits diurnes, en raison de la chasse qui les occupe, mais si nos nuits nous semblent si courtes c'est que nous déambulons à travers nos pensées, au point de nous rendre insomniaques. Les chasser de nos têtes demande des compensations. Pour moi, ce sont les somnifères. Pour toi, c'est le noctambulisme, tu débordes toujours des horaires qui te sont fixés.

Tu es pacifique, tandis que je suis d'une nature faussement calme. Ton animal totem garde sa sérénité, même pris au piège des hommes. Ils se laissent avoir facilement, comme toi. Mon instinct à moi est tout autre: du mal, je m'éloigne, je le fuis en douceur. Nos sangs sont mêlés, c'est une évidence, mais mon tigreau, il me reste à te guider vers ceux qui te méritent auprès d'eux. Nous ne sommes pas cent pour cent pareils, même si nous sommes du même sang. L'irbis est aussi appelé le fantôme des montagnes. Je te cherche partout. Tu vis maintenant non loin d'un terril. Cet hiver, s'il est blanc, j'irai à ta rencontre, ce n'est pas une montagne, mais ici dans notre région c'est ce qui s'y compare le plus facilement. Ta grand-mère maternelle m'offre une empreinte d'un de tes doigts, cela m'étonne qu'elle ait pensé à demander à l'estampiller sur un médaillon. Je le porte autour du cou, une trace de patte qui s'insère dans le creux de ma gorge, minime comme un refuge, comme un territoire sûr.

Les mots nous manquent

Nous habitons depuis toujours la Ville des Loups. Nous, les femmes citoyennes, on ne nous nomme pas « louves », on est toutes des Loups ou femmes de Loups. Dans la soirée du dix juin, de ma bouche est sorti un hurlement. Il a été long, je ne m'en souviens plus. Je l'ai cru vif, bref, c'est tout ce qui me revient de ta disparition. Mon cri a ameuté, la maison s'est remplie, mais avant des portes se sont ouvertes, la nôtre, elle l'était déjà, je m'en souviens, je me souviens m'être assise sur la première marche. Là, je ne crie pas encore, une lamentation monocorde comme un sifflement de détresse, un appel au ralliement. Par les services médicaux, je ne sais encore rien de ce qu'il advient de toi. Pour dire vrai, je n'en ai pas le besoin, je ne te sens plus, mon corps se secoue involontairement et ma respiration est celle d'un chien qui cherche à renifler, à pister l'odeur de son petit qu'il ne trouve pas, qui s'est éloigné de ses parages, qui s'est perdu trop loin pour pouvoir revenir seul indemne.

Les femmes des Loups, nos voisines, commencent à sortir, leur approche ne se fait pas d'emblée, quelque chose les retient encore. Mon cri ne vient pas. C'est une plainte, seulement une plainte. La seule expression venant de moi : un cheminement de gémissement. Il me faut tendre les bras et les tourner pour que mes mains en supination les décident une à une à venir en meute. Les Louves m'accompagnent au salon, m'assoient, tentent de me rassurer. On ne sait rien de toi, tu es accidenté seulement, l'accident est dramatique et tu es dedans. Des victimes sont emportées vers l'hôpital le plus proche. Tu fais partie des victimes du crash. Je sais que tu n'es pas aux urgences. Mon corps me le fait sentir. Il devient épileptique. Et ses secousses sont mon seul recours pour arriver à toi au plus vite. C'est mon ultime moyen de transport pour essayer de te sauver.

Me vient en bouche le don de tes organes, je ne pense plus qu'à ça, donner, donner ce qui fonctionnerait encore de toi, ton foie, tes reins, ta rate, ton pancréas, et je finis par dire même tes yeux. Je ne dis pas ton cœur ni tes poumons. Ton cœur est plat et tes poumons sont exacerbés, les organes de ton thorax ne sont plus irrigués, ton cerveau comme une piscine vide. Ton sang ne peut plus circuler et l'oxygène devient inutile. Et tes yeux, pourquoi tes yeux ? Pour un jour, peut-être, te regarder dans un autre visage que le tien. Espérer que la personne greffée se manifeste à moi avec la couleur de ton iris. Juste jeter tes yeux dans les miens, il n'y aurait que les mots qui manquent. Je vois noir autour de moi, un trait lumineux rétrécit mon champ de vision, je m'accroche à lui. Sur les côtés, des visières. Je ne vois plus. Il faut me faire face pour que je reconnaisse qui me parle, qui me tient la main. Je nomme chaque louve par son prénom, rien d'autre.

« Plus rien à faire. »

Je reçois l'invraisemblable. Des mots où tout manque, « plus rien à faire », des mots étriqués, sans espace, aucune place, aucune pour me laisser la chance de t'intercaler entre eux. Il n'y a plus rien, on ne t'emporte pas en ambulance, tu restes là sur la route, photographié, recouvert de blanc puis zippé. Je ne vois plus clair, j'entre dans un trou noir. Les mots me manquent. Ton prénom ne me vient pas. Mes poings cognent la table de la salle à manger, aucune douleur sur mes phalanges, rien ne me blesse. C'est moi qui crie la première, et je suis la seule, qui hurle. Tout autour, c'est l'effondrement. Mais debout, je veux le rester, sur mes jambes. La maison est pleine, je suis physiquement indolore et intouchable, je ne vois que toi resté sur la route et rien à te dire, même pas que tu vas me manquer. Rien.

Mon râle dure une, deux heures, comment croire à ça, c'est sorti en une fois. Le temps me paraît dérisoire et pourtant... Le lendemain, je parle bas, mon cou me fait mal, ma déglutition me pique, ma voix est rauque. Des séquelles minimes. À mon réveil, groggy par la sédation, j'oublie que tu es mort. Ça ne dépasse pas la seconde, une fraction, un éclair où je fais comme à l'habitude, j'ouvre les yeux et me mets à penser. Il est déjà trop tard, tu es déjà dans ma tête.

Les mots leur manquent, j'acquiesce. Les mots leur viennent, parfois je les écoute. Leurs mots se coupent en deux, je les console. Les mots abondent, je baisse les yeux. Les mots leur manquent, tout se dit. Les mots leur manquent encore et toujours, rien d'autre à me dire, que de le répéter encore. Je me demande si le fait de les réitérer ne les soulage pas plus eux-mêmes que moi. Les mots qu'il me manque ne se disent pas, c'est peut-être une façon de combler le vide. Les mots manqués sont déjà de petits riens.

La chevelure

À la parfumerie, en ville, un jour tu flashes sur les cheveux lisses et ébène de l'employé qui te conseille. Tes cheveux sont courts, soignés, un tracé fin rasé relie tes tempes. Je ne m'interpose pas. Tu suis toutes les coupes de tes «frères». Tu n'as eu aucun «frère». Tous tes potes sont tes «frères». Tes cheveux poussent avec des applications d'huile de ricin, ils poussent c'est vrai, mais rebelles ils vont en tous sens, un centimètre à la fois, bientôt ils vont toucher tes clavicules. Tes cheveux bouclent, forment des vagues, tu tires dessus. Tu les plaques de gel en abondance et de laque par-dessus.

L'attente est longue, tu veux tout couper, tu ne veux plus tout couper.

Arrive une longueur qui te permet de les attacher, mais pour le suspens tu enfiles ta casquette. Je vois derrière le velcro la pousse s'accentuer au fil des mois. Puis un jour, ta crinière finit par toucher tes épaules, le lisseur est pris d'assaut chaque matin. Le coiffeur ne s'occupe que de la ligne rasée sur tout le contour de ta tête, pour le reste aucune coupe, même pas les pointes, ensuite c'est ta sœur aînée qui prendra le relais du coiffeur, tu n'y vas plus, c'est elle qui égalise les côtés, qui entretient avec la plus fine des lames la ligne savamment rasée, au millimètre près. Elle seule en a le droit. Elle s'applique chaque fois comme elle le ferait la première fois. Tu la laisses faire les yeux fermés. Chaque mois, c'est votre rituel, vous descendez à la cave. Ta sœur de sa main féminine retrace ce trait arrondi, j'entends de la cuisine la tondeuse se mettre en marche, le rasoir vibrer, ta sœur aînée redessine le demi-cercle, je ne vois jamais cette minime repousse, tes cheveux sont clairs, ton crâne est blanc.

J'avais lu que parfois l'homme s'impose un rituel physique qui peut avoir trois expressions, l'agressivité, la compétition, la volonté de se dresser contre les normes sociales. Je crois que chez toi la dernière est à ton image, la deuxième inexistante à mes yeux de mère, la première endormie en chacun de nous. Ma recherche est posthume, dommage, je t'aurais compris un peu mieux, on se serait aimés autrement.

De dos, les cheveux noués, tu ressembles à ta cadette et vice versa. De loin, on vous confond. Ce qui recouvre ton crâne devient ton symbole, ta marque de fabrique construite après une année.

Ces derniers temps, il te prend l'envie à nouveau de tout couper, mais tu vas y réfléchir. L'appareil électrique, tu t'en sers moins, soit tu continues de les attacher, soit tu mets ta casquette par-dessus la plupart du temps. Tu es devenu jobiste, tes réveils précipités te donnent juste le temps de te laver les dents, de prendre une douche. Tes cheveux ondulent naturellement comme les miens. Je les trouve sauvages, détachés à ton réveil. On dirait un fauve. Ta barbe roussit et s'allonge, ton allure capillaire devient anarchique. C'est comme si tu acceptais le sens, le mouvement et que leur naturel te convenait. Ton apparence désordonnée est plaisante à ma vue. Tu te laisses aller, tes cheveux sont pendants, je te vois de moins en moins imberbe. En fait, je te vois vraiment. Ça faisait longtemps. D'ailleurs, tu me plais tel quel et je te le dis. Tu me souris, ça aussi ça faisait longtemps. Tu vas attendre, peut-être te décider à chercher une coupe plus facile, après l'été, pendant l'été, pour le moment tu restes ainsi. Ça a l'air de te désintéresser ou bien te rends-tu compte que ton apparence convient à la vue de ceux qui t'entourent. Devant eux, tu ne t'apprêtes plus, ne cherches pas à plaire puisque comme tu es, tu leur vas tout à fait. Je n'ai jamais pu toucher tes cheveux, sauf enfant.

Les récupérer dans le bac de douche est une de mes préoccupations après ta disparition, je cherche à en extraire un maximum. J'en retrouve, ce sont les tiens, châtains, longs, non confondus avec ta cadette qui a sa propre douche en bas. Vos teintes sont les mêmes, leur dimension différente, ils te pendent aux épaules et les siens descendent jusqu'au milieu de sa colonne vertébrale. Ils ne s'entremêlent pas. Les nôtres se mélangent sur la brosse, les miens, les tiens, colorés, naturels. Je me réactive au ménage assez vite, en ôtant la crépine de la douche, je dévisse le siphon mobile, ta chevelure abonde en filaments mélangés au savon accumulé et l'odeur qui s'en dégage m'est si familière que je plaque mes narines dessus. Je n'appellerai plus ton père pour le faire à ma place, ce sont tes dernières traces. L'évier ne se bouchera plus avec ta chevelure et ta barbe. Les eaux usées partiront plus vite à la décharge. Tout sera fluide plus longtemps. Ce mélange hétérogène et obstructif que j'ai gardé, d'un coup je m'en débarrasse. Je continue le ménage sans rien changer à mes habitudes.

Avant de te présenter à nous, un thanatopracteur est désigné pour toi. Ma seule préoccupation, c'est la mise en forme de tes cheveux. Les organisateurs d'obsèques font tout pour te rendre à nous le plus décemment possible, disent-ils. Ces deux derniers mots me clouent. Ils me font comprendre les dégâts sur toi. Les professionnels ne manquent d'aucun tact, mais ce sont leurs formules toutes faites qui en sont dépourvues. Ce sont des hommes comme tout le monde qui n'ont pas d'autres mots pour exprimer l'irréparable. Je le sais. C'est pour mon travail un peu pareil, cette même répétition de phrases toutes faites qui tentent de garder de la bienveillance. C'est ce qu'ils font. Ils le font à deux, à deux on peut se relayer et même mieux s'épauler. Huit heures de réparation faciale seront nécessaires au lieu de trois. Et pour les cheveux ? Ils s'en occupent. Papa et moi ne rentrons pas tout de suite chez nous. Les filles oui. À deux, nous traversons notre ville à pied, allons boire un verre en terrasse, presque incognito. Personne encore ne sait que nous t'avons perdu. La nuit va tomber.

On somnambulise jusque chez nous, passons chez le Paki annoncer ton décès. L'employé qui te connaissait est effondré. Nous ne sommes plus seuls à l'être. Encore quelques centaines de mètres et nous rentrons nous reposer.

Il est plus d'une heure du matin, tu es prêt. Nous n'attendons plus qu'à te voir reconstitué. Te reconnaître de loin sans mes lunettes, te reconnaître de près sans mes lunettes m'est chose facile. Tu es ancré dans ma myopie. Il me faut surplomber ton cercueil pour retrouver un angle de vue familier. Tu es présent comme une œuvre inachevée et cette casquette, je ne l'avais pas préparée dans ton sac, qui a demandé à ce que tu la portes ? Ma main qui se précipite pour te l'enlever est arrêtée par une autre, ce n'est pas une bonne idée, je l'accepte. Ton crâne chapeauté est une nécessité. Je vois nettement plus clair, rester debout m'est impossible. Fixer tes mains est mon seul refuge. Elles sont entourées de tes deux chapelets.

Ta chambre était devenue un sanctuaire, je te rends ta statuette sainte, tous tes défunts cartonnés, emporte-les avec toi, rends-leur visite. Offre-leur mon pardon pour certains, ça peut passer si c'est fait par toi. Je te dis ça si tu peux les voir, vous serez si nombreux au début. Ce monde est si vaste. Chaque jour, combien comme toi quittent leur famille sans un au revoir, un regard ? Combien disent « J'arrive » et ne reviennent jamais ? Combien ? Je me sens seule sur ce coup-là, fixée sur ton corps défunt, tes mains jointes, ta bouche renfrognée si pulpeuse d'habitude, dessus un filet durci de sang. Ton visage mon Dieu à qui est-il ? Je ne reconnais rien. Ton nez n'est pas à toi, tes joues non plus. Je te touche si légèrement, tu es si fragile, ta peau peut être effleurée, nous dit-on, alors je ne me permets pas de la froisser. Pour tes mains, ça ne pose pas de problèmes. Mon Dieu, que je m'y prends mal en voulant replacer les grains de tes chapelets entre tes doigts. Ils s'ouvrent et ta main retombe. Mon Dieu, comme je m'en veux. Elle est si froide, un à un je remboîte chacun de tes doigts. Sur une de tes mains apparaît une étoile, un tatouage que je n'avais jamais remarqué. Un an.

Cela fait un an qu'il est gravé sur elle, voilà que je la découvre. Mon Dieu, j'ai si honte de ne pas t'avoir regardé porter à ta bouche ton repas, mon nez planté dans le mien, je n'ai rien vu, pourtant c'est une des parties du corps qui m'attirent en premier chez l'autre, c'est les mains, comment les tiennes ont-elles pu échapper à mon regard ? Mon Dieu, pardon. Dépasse derrière cette casquette noire un entremêlement de cheveux laqués, luisants comme un postiche. Est-ce bien les tiens ou un ajout pour conjurer leur absence totale sur ta tête ? On ne voit que ça dépasser. Les toucher, je n'y arrive toujours pas. Pourtant, j'ai l'autorisation, mais elle ne vient pas de toi. Tu t'es coiffé hier soigneusement, les plaques du lisseur sont à ta température, froides, posées à la salle de bains sur l'appui de fenêtre. Tu l'as fait comme je te l'ai conseillé après avoir enlevé la prise, tu as laissé l'appareil sur un plan froid pour éviter tout accident.

Une photo récente est sur la cheminée. C., qui aide comme moi les personnes lésées, te regarde un moment. À tes côtés elle reconnaît ton icône et me fait remarquer une chose qui lui semble, enfin si je lui permets, je dis oui sans hésitation : « Votre fils a les mêmes cheveux que le Christ représenté sur le cierge qui brûle. » En effet, de moi-même je n'osais pas cette comparaison. Maintenant que nous sommes deux, j'y crois comme toi, en lui tu avais mis toutes tes convictions. Papa ne se rase plus ni la barbe ni la tête, son allure si tu le voyais se rapproche de la tienne il n'y a pas si longtemps. Matthieu, ce crâne à nu comme lui tu l'as tant redouté, il avait à peine vingt-trois ans quand la calvitie a commencé, c'est une chose qui t'aurait paru insupportable. Je te disais qu'un facteur d'hérédité pouvait se transmettre chez toi de la même manière. D'ailleurs, au début de l'adolescence te sont apparues sur les côtés des tempes de petites pelades, je ne sais combien de traitements capillaires nous avons essayés en vain, tes cheveux longs ont tout recouvert. Rien n'a jamais repoussé en ces endroits-là. Leur cause, un stress ou plusieurs ? Tu ne sais pas. Moi, je crois le ou les connaître, à ton âge, je perdais mes cheveux à la moindre contrariété, me les arrachais. Peut-être as-tu fait de même ? La calvitie serait-elle venue de ton père ? Tes pelades de mes états d'angoisse ? Un mélange de gènes qui t'ont pris la tête. Je laisse pousser les miens, j'en suis au carré comme à mes vingt ans, je me fais la promesse de ne plus les couper, j'espère d'ici une douzaine de mois, le temps du procès, qu'ils tomberont sur mes épaules, une bonne dizaine de centimètres et ça pourrait être possible, même plus que probable, ils poussent à une telle vitesse. Avec papa, sans nous être concertés, nous avons eu une intention commune : se rapprocher au plus près de ta dernière apparence.

Les meurtrissures

À peine es-tu mis en terre que je me casse un orteil en me précipitant pour je ne sais quelle raison sur un pied de fauteuil dans notre salon. Je crois que tu n'as plus de lumière, oui c'est ça, ta bougie sur la cheminée n'est pas encore allumée, je déjeune avant de t'éclairer, alors je cours au plus vite pour prendre les allumettes, oui c'est ça maintenant ça me revient, je t'ai laissé dans le noir. Sur le coup, la douleur me cloue sur place, me retient un peu. J'entends craquer mon orteil sous mes chaussettes épaisses, tu sais celles de nuit. Je suis toujours pieds déchaussés, mais jamais nus. Je me retiens aussi de ne pas crier probablement pour cette raison: pousser un cri même vif, me plaindre après le coup sur mon pied n'a plus de raison. C'est mon troisième orteil, le centrus, celui du milieu, il est petit, c'est un si petit mal comparé au mal de tout mon être. Je retiens mon cri, je l'avale, la douleur je la digère d'emblée, j'ai déjà moins mal qu'un petit mal. Mon mal est partout, envahissant, depuis que tes propres besoins ne m'occupent plus: ta faim surtout, ton assiette remplie, ta bouche pleine, ton estomac ballonné faisant partie de mes tâches parmi d'autres, te savoir proprement habillé, te donner un sou en poche, avoir sur toi la clé pour rentrer.

C'est ça mon grand mal, le vrai puisque je suis une malade fantôme avec de faux maux. Mon petit corps est encore contracté par tous les mouvements saccadés, ma crise d'épilepsie générale de la semaine dernière. Mon corps est mis à ta disposition, mes états tremblants te sont venus en premiers secours, moi dans la maison en va-et-vient du salon à la cuisine, sur le pas de la porte, du salon à la cuisine, jusqu'au bout de notre jardin. Et toi sur la route, j'en ai toujours des secousses. Je suis encore là dans mon petit corps grandement malade. On veut m'emmener aux urgences, j'essaie de me retenir de ne pas rire, qu'y a-t-il de si urgent? J'ai piscine dans une heure, ça ne va pas me retenir d'y aller, au contraire ça pourrait me faire du bien. Mon orteil est bleu, sans mal, et ton cadre photo illuminé.

Petit, tu pleures pour une simple égratignure, un petit bobo. Je souffle dessus et tes larmes s'envolent. À deux ans et demi, tu rates la première marche de l'escalier de cave, sans en toucher aucune autre. Je te retrouve en bas. Je lâche mon fer à repasser et je hurle. Tout me vient en tête en voyant ton petit corps étendu: des membres cassés, ta nuque brisée, ta vie finie, la fin tout court, mais tu te relèves indemne. Tu commences à verser tes premières larmes parce que je t'ai fait peur en hurlant. Tu n'as mal nulle part, d'hématomes nulle part, d'égratignures aucune. Tes lunettes ne sont pas sur ton nez. Tu as oublié de les mettre. La marche, tu ne l'as pas vue et moi tu ne me voyais plus. Tu t'es vu seul alors que je repassais en bas. Tu as juste voulu me rejoindre, vite. Nous nous sommes fait peur. Te voir sans blessure m'a fait te garder toute cet après-midi à mes côtés, à te scruter sous toutes les coutures. Les jours suivants aussi, jusqu'à me dire que le pire ne t'est pas arrivé. Je ne sais pas si c'est depuis ta chute brutale de ce jour-là que ma peur du vide est apparue ou pas, c'est si loin déjà, tomber de haut ne t'a pas été fatal. Tu as fait une belle chute sans gravité. Si elle avait été mortelle, où en serais-je arrivée aujourd'hui et quel serait le degré de ma douleur? Serais-je encore en vie te sachant tué parce que je venais de quitter ta vue. L'idée de te voir à cet âge dégringoler sous mes yeux me donne encore des haut-le-cœur. Coupable, je me serais sentie toute ma vie. Coupable, c'est un mal incurable. On peut en crever pour se soulager au plus vite. Peut-être ton père et moi t'aurions-nous remplacé. Un enfant de remplacement pour amoindrir ton manque, j'en aurais été capable. Nous avons eu ta sœur quatre ans plus tard, je l'ai eue par manque, pourtant je n'avais rien perdu. Aujourd'hui, avec toi en moins au milieu, c'est comme si tes sœurs m'enrubannaient d'une bande Velpeau, je suis si ulcérée, chaque jour il leur faut changer mes pansements, mais il m'arrive de tout dérouler, tout déballer sur ta blessure face à elles. À force, elles ont autant mal que moi, alors je me tais, mais à vouloir la garder enfermée en moi, tout macère. Après et même pendant ton inhumation, j'ai repensé à avoir un autre enfant, à quarante-six ans tout est encore possible, mais mon horloge biologique tourne et mes trompes sont clipsées, cela a été une décision personnelle, elle est irréversible, sauf dans un ou deux pour cent des cas où la nature peut reprendre ses droits, ça arrive. À cet instant-là, je veux en faire partie. Je me souviens exactement, j'avais trente-deux ans, quand la gynécologue me demande de revoir ma décision.

« Vous êtes jeune encore. Si vous divorcez, ça arrive vous savez ou pire si vous en perdez un. » Je me souviens exactement lui avoir répondu ceci : « De un, trois enfants déjà est un bon chiffre pour un couple désireux. De deux, si une séparation arrivait, mes critères envers mon nouveau partenaire voudraient qu'il soit d'accord avec moi de ne pas ou de ne plus en avoir. » Et j'ai même rajouté avec dérision : « L'infertilité serait un plus. » Et enfin : « De trois, l'idée d'avoir à perdre l'un de vous était la dernière chose à laquelle penser. »

L'accouchement naturel est, paraît-il, l'épreuve physique la plus insupportable. Tous trois, vous êtes nés sous péridurale. Pas tous les trois complètement. Ta sœur aînée doit sortir maintenant, quarante-trois semaines de gestation, au lever je perds un bouchon, il s'évacue sous pression naturellement, indolore. Je commence à avoir de petites contractions dans la matinée. Elles sont dorsales, mon abdomen durcit, mais ce n'est pas douloureux à l'avant, plutôt à l'arrière. C'est un premier enfant, nous nous rendons dans le service d'obstétrique. On nous renvoie chez nous. Faux travail. Il faut laisser faire l'enfant.

Patienter. Les heures suivantes, les contractions deviennent plus intenses et se rapprochent. Nous repartons dans l'après-midi. Mon col s'efface, c'est un début de travail. Mes contractions, je les éprouve comme un déchirement. On veut bien me garder, on m'ausculte centimètre après centimètre, le travail avance avec lenteur, il faut laisser faire la nature, plus l'enfant. Il est près de minuit quand on place l'analgésie par cathéter entre mes lombaires. Je suis soulagée instantanément et je dors jusque dans le milieu de la nuit, jusqu'à ce que la nature termine son travail. Ta sœur en souffre, naît bleutée, ce n'est pas son cœur. Elle a ingéré ses propres sécrétions, elle est post-terme. Je l'aperçois à peine à sa sortie.

Je suis déchirée.

On doit la désobstruer.

Je suis déchirée.

On doit me recoudre à vif.

Je suis déchirée.

Je ne le serai pas au deuxième enfant, on me dit : « Vous ne serez plus déchirée. »

À ce moment, avoir un autre enfant s'exclut de mon esprit. La mémoire a le pouvoir d'effacer le souvenir de l'accouchement. Entre ta sœur et toi, il y a un peu plus de trois années d'écart. C'est vrai je n'ai pas eu recours aux sutures.

Je vais te perdre dix-neuf ans plus tard, mon corps se prépare, il m'annonce, je suis trompée, je ne pense pas à une déchirure, mais à une avance sur mes menstruations un peu semblables à un faux travail. Mon corps me rappelle celui d'un accouchement. Je l'oublie, il me sort de la tête. Tu meurs cinq jours plus tard.

Garder une autonomie de tout, ces gestes simples de la vie quotidienne se font dans le plus grand détachement. Il me faudrait perdre la conscience pour effectuer ces petits gestes simples de la vie quotidienne qui te rappellent parmi nous. Ta présence, elle est à l'étage. Me lever, enclencher le percolateur, m'asseoir à la table du déjeuner, m'obliger à ingérer une tartine, me relever, envisager une partie du ménage, faire une lessive, nourrir le chat, vérifier sa litière, changer son eau, ses croquettes, jusque-là je dois dire que j'assure...

Tenter de garder cet automatisme me permet de conserver une forme de toi dans notre maison. Une de mes premières actions qui me permet d'enclencher les autres est d'allumer un coin qui t'est réservé dans une partie du salon. J'ai commencé par des bougies chauffe-plats, quatre heures maximum de durée, je pourrais m'en procurer d'autres avec une durée plus longue, six heures et même au-delà, mais ce ne sont plus des chauffe-plats alors...

Revenir vers toi à intervalles réguliers est devenu un rituel. Ce n'est pas toujours moi, je suis relayée par ton père. Tes sœurs n'osent pas, ou n'éprouvent pas cette nécessité, ou alors nous sommes plus rapides qu'elles. Moi, c'est la première chose que je fais après avoir ouvert le volet électrique, parfois la nuit n'a pas totalement disparu. Je craque une allumette, puis deux puis trois, ensuite le reste suit. C'est là que mes habitudes ne se perdent pas. J'appuie sur chaque interrupteur. J'éclaire chaque pièce, du salon jusqu'à la table du petit déjeuner : l'abat-jour, la hotte, le petit lampadaire sur la table de la dernière pièce qui donne sur le jardin. Le jour va se lever. Je regarde le ciel, les arbres de façon toute naturelle. On dirait que rien n'a changé, tout est pareil, hormis que je t'éclaire avant l'aube. Il m'arrive de sauter cette étape, la culpabilité m'envahit immédiatement. Alors, j'ai opté pour un cordage entouré de LED auquel je raccorde des piles. Le petit interrupteur reste relevé jour et nuit jusqu'à épuisement, non, en fait dès que l'intensité diminue, je renouvelle les piles. Ainsi, tu as toujours une source de clarté, immuable.

Je ne cuisine plus, je ne sais plus chauffer tes plats au micro-ondes, mon entourage prend le relais, c'est le four qui tourne le plus. Au début, je ne me suis pas questionnée sur cette tâche qui faisait partie de celles qui suivaient le déjeuner. Je ne cuisine jamais sur le pouce, je préfère faire mijoter, faire prendre le goût aux aliments. Je n'ai plus de plan, de menus faits d'avance, pourtant il reste ici des bouches à nourrir. Une de moins sur quatre, je ne me compte plus, mon appétit s'absente, mes rations diminuent. J'ai peur de cuisiner. J'ai des craintes à m'y remettre parce que je ne cesse d'espérer que tu puisses te lever, venir dans mon dos, en calebar, pieds nus, humer avant l'heure ma préparation et je crains d'avoir à préparer la même quantité de nourriture. L'autre jour, j'ai commandé chez notre boucher, tu étais compris dedans. Depuis trois ans, mes doigts sont insensibles à la lame du couteau, c'est bien avant que tu ne manges plus avec nous. Quand j'ôte la pelure, il me faut redoubler de prudence. Peler une pomme de terre, éplucher un légume, si mon attention s'échappe, je m'entaille. Mes doigts sont souvent recouverts de sparadraps. Les blessures, comme mon orteil cassé, ne me feraient plus rien. Mes douleurs physiques ne sont plus localisées sur un ou plusieurs endroits. Elles se généralisent. Si je peux préciser: mon corps me congédie. Toi seul peux me soigner. J'aspire à ta venue, ton poids sur mes épaules, ta vaisselle sale dans l'évier, tes déchets de biscuits sous ton lit, ta cannette vide sur ton bureau et tes chiques collées sur son rebord, que tu me dises que tu as oublié, que tu allais le faire, que de toute façon dans tout cela tu ne fais rien de mal. C'est vrai, tu avais raison. Toutes ces choses, si je les avais laissées à leur place, ta chambre serait encore ta chambre. J'ai rangé, fait le ménage, emporté tes déchets. Sais-tu qu'avant de se dégrader, dans la nature, ta cannette a cent ans de vie? Ta bouteille d'eau mille, tes papiers de bonbon et ton chewing-gum cinq. Leur espérance de vie est plus grande que la nôtre, ils s'usent moins vite. Si j'y avais pensé avant, il y aurait encore de tes dernières consommations une partie non ingérée; une miette, un morceau, un fond d'eau, une goutte de coca.

    Reviens m'ouvrir l'appétit. Reviens guérir mes meurtrissures.

Le dessin

Alice, ta petite cousine de cinq ans et demi te décore un caillou voyageur. Ils sont généralement blancs, gris clair, un format large qui peut se comparer à une petite feuille de papier, un petit tableau sur toile prêt à être peint. Le principe est simple, une fois terminé, cet aventurier se dépose sur le chemin, n'importe lequel, sur un trottoir, une route fréquentée, un sentier, sur un seuil de porte. Avant de l'abandonner, si l'on veut s'adonner au jeu, on veillera à enclencher la touche photo de son GSM et à poster sa création sur Facebook. Celui qui le découvre peut choisir de le faire encore voyager. Le caillou peut quitter son village natal, sa ville ou même s'expatrier. L'art est anonyme et nomade. Il attend à ciel ouvert. Ça, c'est un principe pour les adeptes. Celui qui tombe dessus sans connaître la signification peut s'étonner de le voir là ou se l'approprier comme d'une trouvaille naturelle offerte ou perdue. J'ai pu en visionner plus d'un et certains sont des chefs-d'œuvre. Souvent, des animaux y sont représentés, peut-être est-il difficile de dessiner sur de la pierre les détails d'un visage ou alors juste de façon graphique abstraite, ça, ce serait bien aussi mais je n'en ai jamais vu. Cet art sans auteur ni âge est gratuit. Celui qui se cache derrière peut être dans une précarité matérielle tout en ayant de l'or dans les mains.

J'ai ce besoin d'art, d'admirer, de rester immobile devant une photographie, un tableau, connus ou pas. Je reste novice dans ce domaine, mais j'ai soif et faim de visiter les musées. Il m'arrive de faire défiler les œuvres d'un peintre, n'importe lequel sur mon GSM. Je sais si peu. Je veux savoir avant de voir plus loin qui il est, comment il est venu dans ce monde. En peinture, tout me convient, tout me va. Dans les musées que j'ai pu visiter, j'éprouve à chaque fois cette même sensation, je me sens un peu guérie, un petit supplément dans l'âme. J'en ressors avec un poids en moins sur moi, je veux dire comme on enlève un sac à dos trop lourd des épaules.

Matthieu, j'ai tenté de t'y faire goûter un petit peu. Tu as adoré Andy Warhol, moi aussi. Surtout son crucifix noir acrylique sur fond rouge acrylique. Moi aussi. Tu as survolé Klimt, Mucha, Kokoschka. Vingt minutes à peine. Je t'ai rejoint plus d'une heure après, un point avec du wifi gratuit était disponible dans la dernière salle. Tu as trouvé ça beau, mais ce n'est pas ton truc. Tu as adoré Magritte, moi aussi. Tu te souviens de sa pomme, sa pipe, sa hanche aux couleurs belges. Tu aurais adoré le Louvre, ton Christ est peint sous toutes les coutures, moi aussi j'ai adoré, mais tu n'as pas voulu venir. Tu aurais apprécié aussi Giorgio di Chirico, mais tu avais affaire. Moi, j'aurais pu me cacher dans les toilettes la nuit pour en refaire le tour. Je m'étais intégrée incognito dans un petit groupe mixte auprès d'une guide. Elle semblait si passionnée. Papa a continué à arpenter les autres salles seul. Moi je me suis collée à eux, personne n'a remarqué mon intrusion. Je suis pendue aux lèvres de cette guide. Elle s'arrête sur un tableau pas plus grand qu'une feuille A4 ou à peine plus grand. Elle semble fascinée, les visiteurs un peu moins. Moi, comme elle, je le suis. Le peintre, je n'ai pas retenu son nom, je sais que c'est une femme. Quel dommage de n'avoir eu là ce jour de quoi l'inscrire ou la faculté de le mémoriser. La peinture représente un oiseau de petite taille, ce pourrait être un canari. Il reste suspendu à sa balancelle, il m'a l'air jeune, sa cage est grande ouverte, lui reste dedans. Une question se pose : pourquoi ne sort-il pas vers sa liberté ? Mais peut-être, dis-je tout haut, sans élever la voix, peut-être se sent-il en sécurité là où il se trouve ? La guide me regarde, je pense qu'elle est d'accord ou tout simplement ravie que quelqu'un partage une idée.

Alice, je la vois comme ces artistes. Sur ta pierre tombale provisoire, sa petite œuvre tient le coup même sous les intempéries. Sa base est verte, de l'herbe. C'est une pelouse d'été. Nous sommes en été. Sur elle, des pâquerettes, des boutons d'or, c'est notre pelouse, elle en est recouverte. Le soleil est là, le ciel est bleu, il fait chaud, c'est la météo en ce moment. Alice s'en est inspirée. L'équipe belge est qualifiée pour l'Euro et donc son dessin porte un drapeau noir jaune rouge planté dans la verdure. Alice rentre en septembre en première année primaire. L'enseignement actuel devance l'écriture, Alice écrit déjà beaucoup de prénoms, celui de ses parents, de ses grands-parents, le mien, le sien, le tien. Elle ne connaît pas tout l'alphabet par cœur, uniquement les voyelles, « a e i o u », elle me précise. Ton prénom est inscrit sur son galet, tes « deux barres », tes deux « t », elle ne les a pas oubliées. Je suis sans voix, la lettre de silence « h » elle ne l'oublie pas non plus, mais elle ne la connaît pas bien, par contre elle a mis un point sur le « i », ça elle sait qu'il faut toujours le mettre sur la petite barre. Son caillou est lumineux, le plus touchant c'est qu'elle l'a recouvert d'un film alimentaire pour la pluie, une sorte de parapluie fabriqué avec les moyens du bord. « Touchant ». Il fait si chaud qu'une humidité apparaît sous le cellophane, mais n'enlève pas la clarté des couleurs, pour l'instant elles restent intactes. Dans son ciel, aucun nuage, les seuls qui assombrissent son beau paysage peint sur pierre sont nos propres corps qui lui font face. Nous sommes en ligne, aucun rayon ne peut s'infiltrer ou, s'il y arrive, il est projeté sur tes couronnes de fleurs artificielles.

Alice a vraiment de la créativité pour son jeune âge. Elle est si présente à ses émotions, si prévoyante déjà dans ses craintes, elle sait que le soleil va disparaître, que la pluie peut tomber dans les jours qui suivent. Je ne sais pas si elle t'apporte un porte-bonheur pour te réconforter, sachant que son caillou est un globe-trotter. Après tout, dans sa tête, il y a le jeu aussi.

Ici, des hommes sans domicile passent dans les cimetières. Si j'en étais un, c'est un lieu par lequel je passerais. Ici règne une atmosphère reposante, c'est un camping non payant. Ici, Matthieu, j'ai repéré quelques endroits où l'abri ne manque pas. Alice espère-t-elle que son petit aventurier trouve un remplaçant ? Si j'avais son âge, je le voudrais, oui. À ce jour, cela m'irait qu'il soit échangé contre un autre, c'est un des principes premiers, l'échange, partir en voyage.

Tu es non loin d'une allée de sapins, les cachettes sont nombreuses, qui sait un artiste en herbe sans domicile fixe pourrait s'arrêter devant toi... Tu es le dernier de l'allée. Tu es né le sept septembre 2001, décédé le dix juin 2021. Tu es recouvert de fleurs, tes bougies allumées en permanence peuvent les guider la nuit, comment ne pas s'arrêter à ta hauteur ? Rien ne laisse présager qu'en toi vit un félin, mais, qui sait, en regardant de plus près ta photo il y verrait une légère ressemblance. Qui sait, un jour on y verra s'y déposer peut-être un nouveau caillou voyageur : celui d'un chat, c'est une descendance du tigre, un chien t'aurait plu, une tortue aussi, un cheval aussi, une araignée sûrement pas, un loup mortel, un aigle top, une croix, un crucifix, une gravure de Padre Pio. Je te le dis, Matthieu, c'est en commande, le sculpteur s'y attelle il va falloir encore plusieurs mois. La gravure sera noire sur blanc.

Après des semaines, Alice garde sa place auprès de toi, est-ce parce que tu es une pièce de musée ?

Alice s'ennuie chez nous, elle veut mon portable pour jouer sur des applications, je lui octroie une demi-heure. Après ça, elle doit s'occuper seule. Alice s'ennuie chez nous, il n'y a plus de jouets depuis longtemps. Il y a quelque temps déjà, j'ai trouvé à prix réduit un tableau aimanté muni d'un marqueur et d'un effaceur, à moins de deux euros. Je l'achète pour elle, puis l'oublie dans un meuble. Après tes funérailles, les jours qui suivent, la maison ne désemplit pas. Tu aurais adoré. Nous sommes si bien entourés, il fait toujours aussi chaud, la terrasse est envahie, certains s'assoient à plusieurs sur les deux transats, par terre sur la pierre bleue, autour de la table, au fond sur nos anciennes chaises en fer sous les arbres. Je me donne cette permission, celle de sourire, même rire, en fin de compte j'ose faire quelques éclats spontanés de joie, ils sont brefs, mais ils m'arrivent et ressortent, ils sont incontrôlables. On parle de tout à l'extérieur ! Si on ne le sait pas, c'est une fête, on fête quelqu'un ou quelque chose de bien. Tu es l'after, l'après, ce qui succède à une fin de soirée, quand il manque encore, avant de se quitter, quand on se retrouve quelque part pour parachever. Dans vos soirées d'après soirées, quiconque est convié, celui qui a un goût de trop peu suit et tout se termine sur un parking. Vous vous déconfinez des centres-villes, vos rendez-vous se font dans la plus grande insouciance, une liberté que vous seuls, vous vous octroyez. Vous élargissez votre entourage. À vous entendre, vous ne formez qu'une tribu, elle est multiraciale. Cette fête *after* toi sur notre terrasse et notre pelouse aide à te sentir encore là parmi nous. J'ai gardé une telle rigidité, une forme raide, lors de tes obsèques, que moi aussi j'ai besoin de retrouver de la souplesse, la liberté de me lâcher et de rester chez nous à ciel ouvert.

Alice me regarde, je vois dans ses yeux son ennui dans la foule d'amis, la famille et ses parents. Emmie, sa cadette, a six mois, elle est au milieu, ils sont penchés sur elle depuis un moment. Alice sait s'occuper de sa petite sœur, sait s'occuper d'elle-même. Je lui dis que j'ai une surprise pour elle. Son sourire est éclatant. Je lui donne une ardoise, un marqueur et un effaceur. Alice se met au dessin de suite et il me faut deviner ce qu'elle représente : un paysage avec une maison et des parterres fleuris, oui c'est bien ça. C'est à moi de dessiner. Sans réfléchir, je trace des rectangles de toutes tailles, avec à leur centre des petits carrés, j'utilise une moitié de l'ardoise, elle m'interrompt, je suis trop lente, elle ne voit pas ce que cela représente, je lui dis des usines abandonnées, elle écarquille les yeux, moi-même je ne sais pas d'où cela me vient, elle veut continuer mes immeubles. Alice ne s'ennuie plus. Je suis là sans l'être. Autour de moi, le son des voix se transforme en brouhaha, un vrai vacarme dans mon cerveau. Je me sens toute confuse, c'est vrai que j'abuse d'anxiolytiques, les usines, la joie, les rires, toi qui es là sans être là, je commence à étouffer tout en gardant le sourire. Alice revient vers moi, elle a tout effacé, je dois essayer de reconnaître qui est sur son dessin. De toute évidence, c'est toi Matthieu, une calligraphie noire sur blanc. Tout le monde autour s'arrête, te reconnaît. Je dis « c'est Matthieu dans son cadre ». Elle rétorque « ah non c'est Matthieu dans son cercueil ». Le mot cercueil abolit les dialogues, les rires, la dernière parole d'Alice fait transpirer certains, fait rougir. Il me vient un rire de folle, un rire à larmes, un vrai rire avec toute cette humidité qui ne coule pas, qui reste à stagner dans une gouttière qui ne déborde pas. C'est une eau claire de roche dans mon lac lacrymal, dedans aucune impureté, c'est de l'eau de source, de la joie dans la tristesse, une fiole de sentiments à l'état le plus pur. C'est mon rire de folie, un antidote limpide et salin qui ne se déverse pas au-dehors, sans cesse il se renouvelle dans mon amande, jamais elle ne se dessèche mon eau folle.

Ses parents veulent qu'elle nous fasse des excuses pour avoir dit, fait ça. Non, ce n'est pas fait exprès, mon rire n'est pas un rire de joie ni même de peine, il vient de ceux qui rient pour un oui ou pour un non, oui je ris parce qu'elle se donne le droit légitime de le faire, son grand cousin dans sa boîte en bois qu'elle n'a pas pu voir parce que je n'aurais pas ri de voir à son âge mon cousin avec un autre visage que celui que je connaissais, non je ne ris pas d'elle, ni de son dessin, mais de tes cheveux Matthieu, deux tiges noires comme ses deux « t » qu'elle vient d'écrire, ta tête allongée et tes oreilles, elle ne t'a pas raté, toi qui les trouvais décollées les voici. Ceci, ça fait rire et ça me donne aussi envie de pleurer. Je ris, je pleure pour un oui, un grand oui, je m'interpose pour que non Alice ne doive en aucun cas s'excuser auprès de moi ni de personne. C'est toi, tout de suite je te reconnais, c'est ce visage-là que les légistes et le thanatopracteur n'auront jamais connu de toi. C'est Alice qui te voit devant nous avec son effaceur en main, prête à gommer son « beau mort ». Alice ne tue pas l'ambiance, elle la ranime. On peut se détendre à nouveau, essuyer son front, reprendre des couleurs. Alice est thérapeutique ce jour-là, son ennui s'envole dans les airs. Elle peut continuer, son feutre ne commet aucun impair, elle passe l'éponge comme elle le veut, recommence comme elle le veut. Je dois encore deviner ce qui vient après. Ça prend plus de temps, j'oublie Alice. Tout le monde fait semblant d'oublier ce qui vient de se passer. C'est la magie de ce tableau : il ne garde rien, il n'a pas de mémoire. Alice oui. Son nouveau dessin arrive. À le voir, je sais qu'elle veut se rattraper, car pour elle au fond elle a fait une erreur, elle s'est trompée. Non, ce n'est pas ta faute Alice, non c'est elle qui a raison, mes usines abandonnées, accolées les unes aux autres c'était nous : son oncle, moi, ses cousines, elle est plus que vraie Alice, accordée à ce que sa pensée lui dicte. Alors, ta cousine du haut de ses cinq ans elle seule nous a vus, des ruines. Elle a voulu te dessiner à nos côtés, beau comme un dieu. Alice qui te fête, quel beau sauvetage ! À tous, une belle leçon de rattrapage.

Son dernier dessin est pour nous tous, ses deux bras tendus au-dessus de sa tête blonde. On doit tous deviner. Une chenille, un cocon, un papillon. Bravo, Alice, je lui dis, mais ce n'est pas dans le bon ordre. C'est d'abord le cocon, puis la chenille puis le papillon. C'est moi qui me trompe. Elle l'a appris hier à l'école. C'est bien la chenille, le cocon, le papillon. Ta cousine a raison sur toute la ligne. Dans ma tête, ça ne tourne plus rond, ça ne tournait déjà plus fort, mes dessins sont faux, mes rires fous, j'arrive même à chambouler le cours naturel d'un cycle de croissance le plus banal, celui d'un insecte volant. Je brûle les étapes, je le fais ramper avant qu'il ne se forme et ne s'enrubanne, je lui fais déployer ses ailes alors que sa chrysalide ne l'a pas encore libéré. Mon cerveau est embrouillé, je suis surdosée, fatiguée, marquée. Alice garde elle une telle lucidité, si je pouvais redevenir petite, tout recommencer.

Sur ton ancien bureau, un jour, je tombe sur des esquisses de toi, des logos assez impressionnants d'ailleurs. Tu as un don pour les tracés géométriques, tu dois tenir ça de ton grand-père, je crois. Il n'y a pas si longtemps, j'apprends que tu voulais créer ton propre symbole. Lequel ? Pourquoi ? Il est resté dans le vague. Je cherche à me renseigner, je sais juste que ce sont tes initiales M.S. suivies du chiffre sept. M.S.7. Sept, c'est ta date de naissance, c'est aussi le chiffre de ta numérologie.

Moi, je ne sais pas dessiner sur papier. Je fais des profils avec du fil de fer. Ça m'est venu pendant le confinement : des visages de femmes. Je ne sais expliquer pourquoi mes doigts douloureux depuis ces dernières années y sont arrivés avec tant de détails. Je ne sais non plus pourquoi ces femmes sont toutes des Africaines avec sur leur tête des turbans. Je cherche la signification, je ne la trouve pas. Ça doit me venir d'ailleurs.

Partie 2

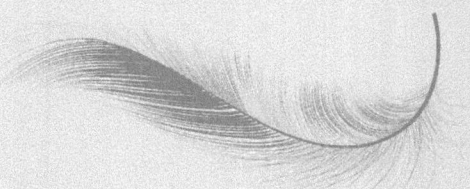

Les signes

Sentir, voir, entendre. Sentez, regardez, écoutez, touchez vos patients ! Ces maîtres-mots résonnent encore après plus de vingt-cinq ans. Ils se sont au fil du temps ancrés. Ils ont été la base, la source d'un enseignement. Je suis soignante. J'ai dû le devenir, on ne peut le devenir sans expérimentation, nous sortons de l'école sans. Toutes nos facultés sont au plus bas. Je dis « devenir » parce qu'un bout de papier qui vous donne l'accès à la profession spécifie que vous l'êtes. Mais c'est tout. J'ai reçu, j'ai accédé aux soins, mais je ne savais pas m'y prendre. Il m'a fallu apprendre, me former, m'expliquer comment fonctionner, expérimenter le fonctionnement de tous ces sens. « Être », c'est donner de soi-même. On n'y est pas toujours préparé. Je me suis donnée bout par bout, puis poignée par poignée, encore sous la retenue, la peur aussi de regarder ce qui est difficile : la douleur installée, la douleur ingérable parfois, celle qui s'emporte avec l'être, le conduit à sa perte. Un premier cadavre. Un premier froid, la raideur du mort. La famille qui questionne, afflue, pleure, et vous qui faites de même. « Être » pris dans sa souffrance, ne pas pouvoir contrôler ce moment. Toucher : faire plus de mal que de bien, mal s'y prendre, n'y mettre que des gestes brusques, s'excuser bêtement et enfin mûrir ses actes, les répéter comme une pièce, faire mieux, s'attendrir, amener la douceur, calmer, apprendre à le faire, se connaître encore mieux, faire comme pour un proche ou pour soi. Toucher l'autre dans sa douleur, c'est un apprentissage sur un long terme, c'est aller à sa source. Parfois, il faut creuser au-delà et bien souvent on en revient à soi. On peut aider, soulager mieux en y mettant du sien. Mes sens se sont développés au fur et à mesure, mon instinct aussi.

Entendre : faire comme un malentendant, demander de répéter, s'attarder à répondre, passer à côté de la sonnette d'alarme puis tendre l'oreille, encore faire répéter, reformuler pour l'autre, lui faire entendre ce qu'il dit, mieux se comprendre en se répétant, on apprend à écouter la maladie qui se développe, apparaissent les premières plaintes bien avant les signes, elles donnent l'alerte, elles mettent la puce à l'oreille. Le mal au corps se voit, s'entend, le mal au corps dort parfois depuis tellement longtemps qu'il peut se loger à un endroit comme à l'approche d'une embuscade, se tenir en sentinelle, où il peut se blottir, se taire, s'endormir. Un jour, il ressort d'étouffement, la face grimace, le corps se contorsionne, se positionne mal. Lire le mal, c'est une lecture corporelle sur peu de plaintes. (Certains de mes membres se sont usés, rendent mon toucher plus sensible, ma vue plus brouillée. Ils se sont affinés sans léser ma dextérité.) L'usure crée un espace, on est un peu éloigné. Cet espace donne lieu à une vue plus panoramique. On peut voir dans le recul, différencier un corps dans sa difficulté. Certains courent de peur de rater leur marche, de peur qu'un de leurs pieds ne retarde l'autre. Ils courent l'un après l'autre, ont peur de se retourner, s'ils le faisaient ce serait la chute, le trou noir. Ils devancent le mal, ils le congédient. D'autres marchent au ralenti, lassés d'avancer trop vite par peur de tomber, peur qu'une de leurs jambes ne se coordonne pas à l'autre, ils marchent doucement, petit pas par petit pas. Ils pourraient se retourner, ils pourraient ne pas le faire, s'ils le font, c'est sur place ou en pivotant, faire des petits cercles avec leurs pieds, ils font face au mal alors. Garder la distance, c'est ne pas se retourner, oublier son mal, continuer de le congédier. Du bout des doigts, je frôle les corps, parfois cela leur suffit, rassurés d'être vus, désynchronisés dans leurs mouvements.

Le corps souffrant ne demande pas de grandes manipulations, il fait appel à un bon positionnement, il demande à se placer du côté à protéger. L'« être » souffrant, cela lui suffit pour se sentir abrité.

La mort cérébrale abolit la douleur. Apparaissent l'ischémie, l'œdème. Le cerveau devient une mappemonde. L'inconscience est irréversible, l'anesthésie donne le sommeil éternel. Matthieu, c'est ce qu'ils nous ont dit, si seulement je pouvais m'en convaincre, tout est écrit, rien ne nous a été transmis, on pourra lire les écrits. Quand ? Dans un an ou plus, quand ? Je souffre d'incertitude, je souffrirai même avec la certitude écrite noir sur blanc.

J'ai commencé avec des lacunes. Elles sont oculaires, visualiser le réel qui m'entoure a toujours été une faiblesse, une difficulté. Je voyais ce que je voulais bien voir, le reste je l'occultais.

J'ai quatre ans, peut-être moins, j'ai un strabisme convergent, un œil regarde en moi et seulement vers moi. L'autre regarde le monde. Déjà là, il y a discordance entre eux. L'un veut explorer l'extérieur, le second mon intime. On les corrige, tous les deux s'alignent. Je suis apte pour voir au tableau, mais sans cesse il me faut forcer sur ma vue et me pencher au plus près. Je reste au premier banc. Je finis par me reculer, j'ai la vue qui s'élargit, mon périmètre s'agrandit, je vois sous d'autres angles. Je m'installe au fond.

De loin, je saisis une dégaine, un relief, je les retiens, leur donne une forme que mes yeux enregistrent. De près, ils ondulent, se déforment, se floutent. Pour mieux voir, j'analyse les contours, l'aspect de la peau, son intégrité, la forme des mains, leurs imperfections, leurs taches, les pieds, leur déformation, leur usure, la couleur de la peau qui change, qui rougit, bleuit ou devient transparente.

Mes pressentiments sont devenus inexplicables depuis quelques années. Il arrive que je ressente sur ma personne des signes physiques qui ne m'appartiennent pas. Depuis plus de trois ans, je suis fibro. C'est ce terme abrégé pour dénommer la fibromyalgie, une maladie dite psychosomatique, appelée aussi maladie fantôme, car votre corps ne laisse aucune trace radiologique pour le diagnostic. Seul un professionnel de ce type de maladies peut analyser vos sensations, les écouter, les noter, les coter.

La douleur chez moi voyage en permanence, s'attaque à mes articulations pratiquement sur la totalité de mon corps : mes poignets, mes mains, mes doigts, mes épaules, mes genoux, mes hanches, mes chevilles, mes pieds, mes orteils, les céphalées sont les plus envahissantes. Mon métier se fait de plus en plus dur et difficile à assumer. Un mi-temps est pour moi un temps plein. Un mi-temps me demande deux fois plus de travail qu'avant et cela sur trois années seulement. Oui, je le dis, j'ai perdu, décliné. J'ai aussi perdu le goût, à double sens : pour la nourriture et ma vie. Je ne veux pas dire la vie, parce qu'elle continue dans la beauté, c'est moi-même qui m'en suis exclue. Je suis sur le côté, le bas-côté, en travers de la route, en danger. J'ai maigri progressivement, fui les foules, me suis écartée de mon entourage, de mes amis, et aussi de ceux qui vivent sous mon toit, tout cela au même rythme. Je n'aime pas moins les gens pourtant, ni les miens au contraire, ce recul m'a permis de réapprendre à les connaître. Je les voyais mal, et c'est ainsi que le mal m'est venu plus fort encore. De moi ils se sont éloignés. Je ne voulais plus voir personne et toute seule je suis restée.

Ma solitude m'est venue en aide. Je sais que mes douleurs invisibles ont eu raison de s'installer en moi. Elles sont devenues mes guides, qui ont ralenti mes vitesses excessives. Pour mieux voir, je dois aller à la rencontre, c'est alors que je perçois autrement. Pour toucher, il n'est plus nécessaire parfois de contact, je suis devenue hypersensible. J'ai dû m'adapter à cet instinct, il ne me quitte plus. C'est lui qui me donne le plus de mal. Ses signes sont parfois d'une douleur extrême, mon corps est pris d'assaut, en otage, pire je le laisse faire jusqu'à m'emprisonner. Les blessures des autres se manifestent sur certaines parties de mon corps. C'est une chose inexplicable dans le réel, mais elle se produit en moi, je ne mens pas, je ne sais plus, je dis vrai. À qui dois-je m'adresser ? Au surréalisme, à la médecine parallèle, à quiconque croit que tout cela ne me vient pas par hasard. La douleur des autres au-delà d'eux en dedans de moi. Je me répète, à qui dois-je m'adresser ? Matthieu, tu n'as jamais cru à mes douleurs. Pourtant, des signes annonciateurs, des signes pre-mortem, sont passés par moi, jamais je n'ai pensé qu'ils te concernaient. Ils se sont éparpillés sur tout autre que toi. Si j'avais su écouter mon corps cinq jours avant, serais-tu encore de ce monde ? Je n'ai pas été là au bon instant, je me suis endormie sans avoir pris le soin d'écouter mon corps qui tentait de te venir en aide.

La contraction J-6

Je fais le week-end avant l'accident. Je me lève avant l'aurore. Tous mes vêtements sont prêts d'avance, mes boucles d'oreilles sont prêtes, sans c'est comme une nudité pour moi, tu le sais. Je descends, papa est déjà remonté, c'est lui qui enclenche le café, sort la voiture du garage, ouvre les volets. Le temps de m'apprêter, il est retourné au lit. Il n'est que cinq heures. Je démarre à six. Une heure pour que mon corps se dérouille, mes membres retrouvent leur place, mes bras, mais aussi mes pieds. Ils fourmillent chaque nuit, chaque réveil est pareil, je dois attendre que tous se décident à se rassembler pour me sentir prête au lever. Je n'ai plus tout mon corps, chaque nuit certaines parties s'échappent du reste, je le vis depuis un bon moment déjà et il va falloir vivre avec, c'est un handicap particulier, si j'en fais trop mes extrémités s'endorment, si je me mets au repos, je ne les sens plus, c'est comme si elles mouraient. Il n'y a que ma tête qui le sait. Sinon, ça ne se voit en rien.

Le samedi J-6, les soins sont denses, mais je me sens d'attaque, j'ingère un antidouleur, un anti-inflammatoire, déjeune, bois mon demi-litre de caféine, re-visionne chaque patient, l'heure tourne, mais elle me laisse démarrer une machine et faire sécher sur un étendoir celle qui a tourné de nuit à la cave. Mon masque prêt sur la table de la cuisine, mes clés, ma liste, j'enfile, j'emporte, je suis parée. On prévoit qu'il fera bon, mais j'ai froid comme toujours, je sors avec sur le dos ma parka, en dessous mon gilet au-dessus de mon tee-shirt. Je sais qu'à partir du quatrième soin, je serai déjà sans blouson ; le gilet, il faudra attendre les dix heures quand le soleil commencera à taper.

Je rentre dans l'après-midi, peut-être quatorze heures, tu es soit avec Nicolo, soit Dari, ou peut-être en train d'aider ton parrain pour son déménagement, une de ces trois possibilités. On me le dit, mais je suis là sans écouter vraiment, je suis là, mais je n'ai pas encore atterri, donc je ne sais plus où tu te trouves exactement, mais pour ces trois potentialités en tout cas je suis rassurée. Je mange une baguette en vitesse, me fais un café et m'allonge sur un de nos deux nouveaux transats, m'endors de suite, la musique dans les oreilles, papa part courir vers quinze heures trente, il m'éveille pour me prévenir, je vais me préparer, car dans une heure environ je repars pour les soins du soir. Tes sœurs sont en promenade avec des amies, je suis seule avec notre chatte Lila qui réclame sa pâtée. Ce qui me vient ensuite est, si je peux le comparer sans ne l'avoir jamais reçu, un coup de poignard dans le ventre. Il me va jusque dans le dos, les lombaires plus précisément. Je dois défaire la ceinture de mon pantalon tellement c'est intense. Je file aux toilettes, c'est peut-être parce que je n'ai pas bu assez, une inflammation urinaire ou des crampes abdominales suite à ce que j'ai ingéré. Je prends un antiseptique urinaire, un antidouleur, un anti-inflammatoire, je cherche un antispasmodique, mais n'en trouve aucun.

La douleur cesse bien avant l'action médicamenteuse. Elle reprend de plus en plus fort toutes les quinze minutes. Cette fois, je m'accroupis sur le sol. Lila me regarde assise, me fixe sans bouger, je la regarde et me met à rire, je lui dis, puisqu'il n'y a qu'elle avec moi : « Je me sens prête à crever. » L'heure de ma reprise approche, les intervalles douloureux se suivent et m'empêchent presque de supporter à la marche le poids de mon corps. Mais je n'ai d'autre choix, il me faut y aller. Mon mari ne prend jamais son portable pour son jogging. Je pars sans laisser un mot. Il y a une heure de ça, je savourais ma sieste. Il me faut arriver chez la quatrième patiente pour trouver de quoi arrêter ces spasmes. J'enfile deux cachets d'un coup. Elle me donne une plaquette pour tenir le week-end.

Dans les trois quarts d'heure qui suivent, tout s'arrête comme si j'avais tout inventé. J'arrive enfin à rester assise au volant, conduire sans avoir à me plaindre, pleurer, car oui je pleure à chaque fois que je dois m'asseoir ou changer mes vitesses. Je termine à plus de vingt heures, j'explique chez moi ce qui m'est arrivé. Je n'ai plus mal, c'est une fausse alerte, peut-être une crise vésiculaire. Je bois plus d'un litre d'eau, je mange, tout passe, vais me doucher, il est tard, mais je veux regarder un peu la télé avec ta sœur cadette et papa. Tout est prêt pour assurer la même tournée de demain. Je ne vais pas tarder à me coucher. Toi, Matthieu, tu n'es toujours pas rentré, tu ne vas pas tarder non plus, mais au final tu envoies un SMS. Tu restes chez ta petite amie, tu ne l'envoies pas à moi, mais à papa. Est-ce que vous vous envoyez des cœurs rouges comme nous le faisions ces derniers jours, peut-être, ça ne me vient pas à l'idée, c'est avec le recul que je me le demande. Sans doute que non, d'homme à homme, ça doit être un pouce relevé suivi de «prudence quand même» et «sonne quand tu arrives sur place». À nouveau, je me plie sur moi-même, cette fois je suis dans le fauteuil, plus au sol, un fou rire me vient pendant que je me tords, indolore, je sens cette fois que c'est la dernière étape, car je la reconnais, c'est une envie de pousser. Je dis tout haut: «J'ai l'impression d'être sur le point d'accoucher.»

Matthieu, des trois tu es le seul pour qui nous ne connaissions pas le sexe avant la naissance, nous avons tenu jusqu'au bout, à l'échographie je ne distinguais rien, tu remuais beaucoup, tu tournais le dos à la caméra. Comme tes sœurs, tu dépasses le terme, tu es post-terme, je rentre pour te provoquer. J'entre en travail déjà sous péridurale. La seule sensation, c'est le durcissement de mon ventre rond, l'accélération de ton cœur sur le monitoring auquel on nous a raccordés. Ta tête, cheveux noirs, se présente. On me change de pièce, m'installe sur la table, met mes cuisses dans les étriers. Je peux y aller quand je sens le besoin de pousser. Tu viens en trois fois, presque un record j'entends dire, tu nais face vers le bas, je vois ton dos tes fesses. Je ne sais toujours pas comment t'appeler. Au sourire et aux paroles de l'obstétricienne qui te tient encore en moi, je commence à pressentir. « C'est une fille votre premier enfant ? » « Oui. » Je me mets à pleurer parce que je sais que je peux te nommer. Elle m'invite à venir t'extraire d'entre mes jambes, je n'ai rien à craindre, elle te tient, tu n'es pas dans le vide, je fais face à une baie vitrée du sixième étage, c'est l'hiver, un hiver froid, sec et ensoleillé, nous sommes en plein après-midi, la lumière dans cette immense salle se réverbère sur tout ce qui s'y trouve, sur nous, je sens ta peau fripée si douce, la doctoresse m'aide à te retourner, mais je ne regarde pas ton sexe, parce que tu me regardes dans les yeux et une chose incroyable se passe, à plat sur mon ventre tu te mets à ramper, je ne savais pas qu'un nouveau-né avait ce pouvoir-là. La gynécologue te lâche, moi je te tiens sans te guider. « Vous avez vu ? ». Je dis : « Quoi ? » « Votre petit, c'est un garçon. » Je dis : « Non. », mais bien sûr je savais. J'ai tellement de larmes que tout est brouillé. Papa n'est pas dans la salle, il a dû sortir, trop de sang, couper le cordon lui est impossible. On est toujours tenu l'un à l'autre. À la hauteur de mon sein, tu cherches, la sage-femme m'aide, je n'ai pas su m'y prendre avec ta sœur aînée, elle n'a pas grand-chose à faire, tu sais déjà comment faire. Je t'allaite et tes yeux se referment. Tu viens de naître, tu t'appelles Matthieu, je dis avec deux « t », j'entends une voix, je ne sais laquelle dire. « Vous êtes catholique ? » J'ai reçu le baptême, la communion, mais je ne pratique pas vraiment. Je réponds : « Si on veut. Je ne suis pas, enfin, je veux dire, ça fait partie de mon éducation. »

Matthieu, tu es le seul qui y a cru vraiment. Tu priais seul, tu n'allais pas à l'église, sauf aux occasions, ton truc c'était les cimetières. Je te nourris six mois, même plus, tu te colles à moi avec ou sans la faim, ce que tu veux c'est du contact. Jour et nuit se confondent pour moi, il n'y a plus de différence. Je ne sais plus me séparer de toi, mais mon repos d'allaitement arrive à échéance. Nous allons devoir nous séparer. La veille, je suis en pleurs. Les puéricultrices m'ont assuré qu'il ne faut qu'une petite transition de quelques jours pour que l'on se déshabitue l'un de l'autre. Je te mets au sein avant le boulot, à la crèche même, je te récupère dans l'après-midi, tu n'as rien bu de toute la journée, tu tournes la tête au biberon que te présentent les puéricultrices. Au son de ma voix, tu ouvres la bouche en succion et tournes la tête vers moi. Je te remets au sein avant de quitter la crèche. Le soir, à la maison aussi. La nuit encore. Je dois tirer mon lait, il vient en abondance, je le verse dans un de tes biberons. Tu les refuses à la crèche. Je continue d'en apporter pour d'autres enfants, c'est ce qu'on me propose pour ne pas le gaspiller. Cela dure plus d'une semaine, la même routine après chaque journée de travail, je déprime, une profonde tristesse s'installe en moi. Un soir, tu me repousses. Papa te donne ton premier biberon. Tu t'es senti bien dans ses bras. Vous vous regardez. C'est mon mal-être qui t'a décidé à te nourrir dans ses bras. Tu as ressenti ma détresse, ça t'a décidé à couper ce lien nourricier. Je te revois dodelinant à plat sur moi nue, toi nu, encore avec ton cordon ombilical. Nul heurt sur ce trajet sinon celui de nos peaux un peu gluantes comme des limaces, tu cherches à t'épanouir ailleurs que dans mes bras, tu cherches un nouveau cocon ? T'ai-je si mal tenu dans mes bras, t'es-tu senti lâché, la petite couverture sur toi a-t-elle glissé ?

    La quantité de lait fournie par les canaux galactophores diminue avec l'absence des tétées, c'est un automatisme, c'est la loi de la demande et de l'offre, l'enfant prend ce qu'il désire. Je continue à t'offrir, mais tu en demandes toujours plus et j'arrive de moins en moins à te combler. Tu vas au plus offrant. Papa a dans ses mains cent quatre-vingts millilitres de lait en poudre. La différence de goût a l'air de te plaire, quel dommage, j'étais prête à continuer, revenir en arrière, prolonger ma lactation. Je fais une dépression post-partum, j'ai des antidépresseurs, des anxiolytiques, un somnifère pour enclencher mes nuits. Je finis par ne plus m'alimenter. Tu as déjà deux ans. Je tombe, une chute en rue, j'ai ingéré presque une boîte entière, je m'endors pour presque trois jours. À mon réveil, il s'est écoulé combien de temps ? Pour évaluer un état physique ou psychique, l'emploi du pre, *a priori*, ou du post, *a posteriori*, est un guide pour le médecin qui veut venir en aide au malade. Comment vous êtes-vous sentie avant, et maintenant, souvenez-vous de ce qui s'est passé, comment voyez-vous la suite ?

Avant ton départ, je suis passée par plusieurs étapes, mon corps en a fait les frais.

J-5, j'ai été en couches, un faux travail, quelques heures seulement, une souffrance et une délivrance spectrales. Je n'ai pas pensé à une perte d'existence. Je me suis dit, le revoilà, mon corps messager. Puis, j'ai pensé à moi, un mal installé en moi : un cancer, un fibrome, puis au-delà de moi à ma collègue enceinte de sept mois, je me suis fait du souci pour elle, j'ai espéré que son enfant vienne cette fois, le premier n'a pas tenu à elle. Tu es mort cinq jours après à dix-neuf ans et demi. Le jour de ton décès, tout m'apparaît, mon cri de détresse a cessé, je suis assise au milieu du canapé trois places, deux voisines sont à mes côtés, je pense : je l'ai perdu et je n'ai rien vu venir. Pourtant, ça ne s'oublie pas une naissance fantôme, je vis de douleurs fantômes depuis quelques années, mais elles existent bien en permanence. Comment cette subite absence si douloureuse quelques jours plus tôt a-t-elle disparu si vite ? Papa, ta sœur, m'ont crue ce samedi-là, tordue de contractions, mais personne ne s'est étonné le lendemain que je ne me plaigne plus. C'était arrivé hier d'un coup. C'était avant de te perdre vraiment. Et après ce court travail, rien, même pas une goutte de sang.

Le chat noir J-4

Je roule sur une chaussée dangereuse. Pour me lancer, je redouble d'attention, même avec mes lunettes qui ne servent plus à grand-chose. Ce dimanche-là, J-4, trois allers et retours sont indispensables pour les soins de T. Sa rue à sens unique oblige à passer par cette route dite une des plus dangereuses, des plus mortelles, on ne compte plus les tués. Elle coupe deux villages. Y aller à pied serait une solution, mais trois allers-retours me feraient perdre encore plus de temps. Si mon idée de me garer à la pompe à essence proche du domicile m'était venue, je n'aurais pas vu ce chat noir mort au milieu de cette route. Ça me fait presque autant de mal que de voir un humain. Je ne peux plus rien pour lui, je suis en montée sur cette maudite chaussée où le radar ne fait pas ralentir les automobilistes pour autant. La vitesse – cinquante kilomètres-heure – à cet endroit se dépasse pour un peu qu'on vous talonne à l'arrière. Je ne sais pas accoster, je me mettrais en danger et les autres aussi. Il est écrasé, sans vie, mais je voudrais tant le prendre, le déplacer, le déposer sur un coin d'herbe, près de feuillages sur le bas-côté de cette route, pour que le soleil tapant ne le dégrade pas trop vite. Je pense même à son propriétaire, ainsi il pourrait le récupérer, s'il le pouvait encore et peut-être même l'enterrer dans son jardin avant que les oiseaux ne viennent, des rats, un renard. Je crois à la première vue – qui n'est jamais la bonne d'ailleurs – à un gros rat, plus je m'en approche, plus l'allure de mon propre chat me fait comprendre que non, c'est bien celle d'un chat noir.

Je ne suis pas de nature superstitieuse. Le mauvais présage du chat noir en plein jour cette fois m'atteint. J'ai envie de pleurer, je vais devoir tourner à gauche pour arriver dans le bon sens de la rue pour le premier soin du matin, je dois retenir cette envie, j'essaie de l'oublier. T. a une chatte, à mon arrivée elle sait que je vais la nourrir, elle se frotte à moi, elle est la seule qui peut dormir ici à l'intérieur. Les chats sauvages m'attendent dehors, planqués, blottis dans le potager immense, dans la remise sur le côté, je peux percevoir leurs miaulements, leurs déplacements sans les apercevoir. C'est une fois leur pâtée déposée, la porte refermée, que tous viennent. Ce sont des exclus, l'intérieur leur est interdit, seule la nourriture leur est administrée et l'eau aussi. Je peux comprendre T. d'en avoir gardé une seule d'entre eux, elle est stérilisée, pucée, deux cent cinquante euros. Elle est la plus mince, la plus vulnérable, me dit-il. C'est pour ça qu'il l'a choisie. Il lui reste assez de cœur pour ceux du dehors mais son rythme cardiaque ne lui permet pas de tous les assumer. Il doit subir encore un pontage, son cœur est trop fragilisé. Des cartons de boîtes de conserve remplissent une table dans l'entrée. J'en prends une le matin, je dois la partager entre tous, y compris sa chatte. Ensuite, c'est son fils qui prend le relais.

Matthieu, tu as toujours voulu un chien. On en a eu un, un labrador, mais n'avons pas pu le garder. Je n'ai pas regretté notre geste, ses grognements, ses défécations dans la maison, une tumeur venue s'installer dans son cerveau lui donnait des accès de démence, la démence canine. Un de vous trois aurait pu être défiguré ou pire encore. Je ne sais pas ce qui est pire, une hypothétique morsure au visage ou notre décision de l'euthanasier ? Peut-on vivre avec une cicatrice au visage, en tant que fille ou garçon ? Toi, Matthieu, tu n'aurais pas pu vivre avec ces stigmates, tes sœurs non plus, nous de même. Nous avons pris la meilleure des solutions, notre chienne avait douze ans, nous n'avons pas mis longtemps à choisir entre votre sécurité et les dangers que son comportement aurait occasionnés. Aujourd'hui encore, cela reste une tache noire, une pointe de culpabilité pour cette bête que nous avions eue chiot.

    Tu me talonnes pendant des semaines, des mois pour avoir un chien. Récemment encore. Tu vas même seul à la SPA les voir. Ils ont l'air si malheureux en cage. Ils se laissent tous approcher de toi. Même celui que personne n'ose approcher, toi il t'écoute et vous ne vous êtes vus que deux fois. Tu dis qu'il est laid, que tu l'aimes quand même, mais ce n'est pas un comme lui que tu veux. Un malinois, je refuse. Un golden retriever je refuse. Les poils, l'odeur des poils après la pluie, nous n'avons pas de place, un abri dehors tu ne veux pas, il dormirait avec toi, je refuse. J'ai trop de mauvais souvenirs de notre labrador et d'avoir dû m'en défaire encore plus. Je finis par vouloir exaucer ton souhait, tu as besoin de caresser, de recevoir des coups de langue sur ton visage, le contact chaud dans ton lit d'un animal, il n'y a pas si longtemps encore, il était recouvert de peluches de toutes sortes. Je te propose un chien, un petit, un bichon, tu grimaces, tu ne sais pas si tu veux, tu veux un grand, j'en ai marre, tu reviens à l'attaque avec ton chien, ton malinois, je fais des efforts toi aucun, j'abandonne. Tu veux bien, allez! Tu le sortiras matin, midi et soir? Tu ne sais pas, je t'envoie paître.

    Nous adoptons Lila dans des conditions un peu hasardeuses. Je pars chez une tante après une forte dispute entre nous, tu m'en veux de tout, de ma fausse maladie, elle est dans ma tête, de ne pas m'être étonnée de ton ajournement scolaire, tout ici dans cette maison est de ma faute. Je fais ma valise. Je pars. Ma tante et mon oncle me reçoivent chez eux, leur chatte va mettre bas d'un jour à l'autre. Je vois la femelle étendue sur le sol, elle se déplace peu. Probablement, me dit ma tante, que son travail commence. Elle met ses petits au monde cette nuit-là. Lila est la première, sa mère fait des bonds sur le carrelage pour pouvoir la faire sortir. Je n'ai jamais eu d'affinité pour les chats. Ici, je craque complètement pour les quatre chatons et le courage de cette femelle pour qui nous ne pouvons ni ne savons intervenir. La mère ne laisse aucune trace de son accouchement. Les chatons sont propres, lavés par leur mère, elle a avalé leurs excréments, le sang, les sécrétions. Je suis sidérée. Elle se place sur le côté pour leur permettre à tous la tétée. Elle a aussi avalé le placenta, source il paraît de vitamines pour les petits, c'est une deuxième portée sur une année, cette fois c'est décidé, la chatte une fois le sevrage fini sera stérilisée. Elle se prénomme «Chance», retrouvée un jour par ma tante dans son jardin, amaigrie, affamée. Elle en déduit une portée que la chatte a abandonnée dans la nature. Elle connaît les chats par cœur, elle en a toujours recueilli. Ici, c'est dans la salle de bains que les petits sont gardés enfermés pour que Chance s'en occupe, les nourrisse, l'obliger en quelque sorte à garder ses bébés en vie. Chez nous, la tension redescend, je reviens, plus de quatre semaines ont passé, les chats vont bientôt être sevrés, Lila va devenir notre animal de compagnie. Papa et toi êtes les seuls à l'ignorer, ses poils sont hirsutes, elle sautille dans nos jambes, il y a une heure à peine qu'elle a fait son entrée, elle entre dans son bac à litière et urine, camoufle ses excréments, nous sommes émerveillés de cet instinct naturel, cette éducation rapide de Chance sur la continence. J'adore les chats maintenant. J'adore Lila. Partout, je l'emporte, partout elle me suit. Tes sœurs sont enjouées et toi tu commences à t'y intéresser. Tu es le seul qu'elle lèche, le seul sur qui elle vient se poser. Elle se met à te courir après, tu la veux pour dormir. Vous vous êtes apprivoisés, tu n'es pas le seul, papa aussi. Après six mois, nous la stérilisons. Elle ne cesse de gratter à la porte du jardin pour sortir. La vétérinaire me demande d'attendre encore un peu et un jour je lui ouvre la petite fenêtre, elle saute, je la rattrape au vol ; à l'oreille, je lui souffle : «Je vais te lâcher, mais surtout reviens-moi ! »

Aujourd'hui, elle a deux ans, elle revient chaque jour, c'est à peine si elle s'éloigne. Elle dort avec nous, tes sœurs, elle tourne la nuit, de façon aléatoire. Dans ta chambre au début, elle n'entrait plus, puis après une semaine, en rangeant du linge dans notre chambre, j'entends du bruit dans la tienne, quand elle me voit, elle saute de ton lit comme un enfant qui vient d'enfreindre une règle. Il n'y en a pas. Quiconque peut y accéder : nous, Lila, tes amis, la famille, ta porte est ouverte. Les derniers vêtements que tu as portés cette semaine-là sont repassés, déposés sur ton lit, je continue à faire les poussières, le ménage, c'est toi-même qui t'occupais du rangement de ton linge. Jamais, tu ne le remettais dans les armoires. Il restait pour la plupart du temps soit au bout de ton lit, soit là où tu pouvais le déposer. Tes habitudes sont inchangées.

J-4. À mon troisième passage du dernier soin de T., le chat noir n'est plus au milieu du chemin. Quelqu'un d'autre que moi s'est décidé à prendre le risque de traverser, d'abriter la dépouille sur le bas-côté.

J-0. T. est dans ma tournée, il fait clair tôt. J'arrive à hauteur de l'emplacement où le corps est déposé, le chat noir n'y est plus. Disparu. A-t-il été emporté par un homme, une femme, accompagné(e) d'un enfant ? Emporté comme repas ? Toutes ces possibilités me viennent, mais ne plus le voir après l'avoir vu tout un week-end étendu puis disparu me fait me demander quel malheur va m'arriver. Moi qui suis les signes et mes instincts, celui-là laisse en moi la possibilité que sur cette route je pourrais perdre la vie.

Avant de tourner à gauche chez T., une autre forme, plus petite cette fois ; à sa hauteur, je reconnais un hérisson écrasé. Cette route empruntée est la plus maudite pour les hommes et pour les animaux. Je dois redoubler de prudence. C'est mon dernier soin de ce soir, après je rentre à la maison. Je ne reprends pas le travail avant la semaine prochaine. Dorénavant, j'irai me garer à la pompe à essence, quelques emplacements servent de parking, je monterai la rue à pied ; s'il le faut, je courrai pour gagner du temps.

Les plumes

Mardi J-2. La maison est vide et je suis seule. Je vais profiter un peu de la terrasse. Lila doit avoir attrapé un oiseau. Je ne la vois pas, l'oiseau non plus, le sol en bois est couvert de petites plumes blanches. Elles ont la forme de petites courbes, je me demande de quelle espèce elles proviennent. Lila nous a rapporté de ses chasses, sur deux années, deux mésanges, deux musaraignes et des papillons blancs ; les oiseaux ont été sauvés, mais légèrement blessés ; les musaraignes aussi ; les papillons sources d'énergie sans doute sont avalés illico. Elle ne s'attaque pas aux gros calibres. Je me questionne toujours sur ces petits plumages qui m'entourent. Je descends à la cave chercher ma brosse de rue. Arrivée pour les rassembler, je constate que les plumes se sont envolées ; pourtant, il n'y a pas de vent. Mon intuition est bonne cette fois, je suis rassurée, je regarde le ciel parsemé de nuages blancs, je remercie l'univers qui m'entoure, comme souvent je le fais, un événement heureux arrive, je ne cherche pas plus loin. Je sais que les plumes immaculées, si blanches, sont de bons signes.

Il a fallu plusieurs jours avant que je ne reçoive des signes de toi, de cet au-delà, cet endroit où je le sais je le sens tu vas bien. Ton père en reçoit. Ta petite sœur, tu reviens dans ses rêves. Vous discutez. Tu la rassures. Ton aînée, je suis sûre que tu lui en donnes, mais elle ne veut pas les voir, ou ne veut pas nous en faire part. Vous étiez secrets, elle a été ton journal intime. Je te fais ma demande, donne-moi un simple petit signe de ta présence et je le verrai. Je le peux. J'en suis capable même dans l'infiniment petit. Je t'en supplie.

Un matin, en passant la serpillière sur le parquet, à hauteur de ton portrait, je trouve enfin ce petit plumage blanc si familier. Il est au pied de la cheminée. C'est toi, tu es là, une seule plume, ailleurs aux alentours, je n'en trouve aucune. C'est toi, Matthieu. Merci merci. Je te fais la bise. Tu n'arrêtes plus jamais de sourire sur cette photo. Je le dépose près de toi dans un petit nid de Pâques, en brindilles naturelles, acheté dans le commerce où j'ai déjà rassemblé quelques objets qui te ressemblent. Ils sont de taille miniature, je les ai fabriqués de mes mains ; un petit tambour, un ramon, un panier de Gilles, tous en fils de fer recouverts de laine. C'était bien avant mes profils d'Africaines, avant le virus, c'était durant les événements annuels du carnaval. Papa et toi êtes Gilles, faites partie du folklore local, c'est une histoire familiale de père en fils depuis plus de cinquante années, inouïe pour tes origines paternelles siciliennes. À l'époque, pour les immigrés de Sicile, c'était une marge quasi infranchissable, mais bienvenue pour l'intégration au sein de la commune, on est au début des années septante. C'est une histoire d'hommes de génération en génération que ton grand-père paternel vous a transmise. Vous la perpétuez. C'est pour la ville des Loups, un rassemblement en meute. Différentes sociétés se rassemblent et comptent plus de huit cents loups, les louves non comprises, nous restons femmes de Loups, femmes de Gilles. Pendant trois jours, notre territoire est envahi. « Cum lupis laetare », « Avec les loups, réjouis-toi ». Le virus empêche votre tête-à-tête, vos trois jours père-fils deux années consécutives. La première année vous manque, la deuxième moins.

Il y a un an, nous rénovons notre extérieur, annulons nos vacances, les conditions pandémiques nous décident enfin à refaire la terrasse, remplacer les palissades, aménager les parterres. Toi et moi nous avançons le travail. Tu es fort, portes des blocs à mains nues sous un soleil de plomb. Tu casses tout au marteau pic. Nous démontons ensemble les murets existants, décarrelons une bonne partie du sol. Tu es devenu si vite un homme. Ta musculature s'est développée. Ta carrure sans ton tee-shirt est un mur de béton. L'entrepreneur prend le relais. Les travaux terminés, sont placées quatre marches en pierre bleue pour accéder à la partie du barbecue. L'entrepreneur, qui porte le même prénom que toi, et participe aussi au folklore local, veut vous faire une surprise. Il fait graver sur trois d'entre elles « Cum lupis laetare ». Il s'empresse de les aligner, les entoure d'une mousse verte vivace, fignole les contours de copeaux. Papa et toi êtes émus, vous trouvez cette idée splendide. Je vous suis pour ne pas démolir l'ambiance du moment, l'idée première qui me vient, c'est la ressemblance parfaite d'une pierre tombale marquée d'une épitaphe. La dernière pierre est sans inscription, elle reste vierge.

Aujourd'hui y est placé un ballon de football en acier forgé par un ami cher à papa, ton prénom est gravé dessus en toutes lettres, notre pensée première est de la sceller à ta tombe au cimetière, mais papa craint le vol, la dégradation éventuelle de profanateurs de sépultures, donc nous décidons de le garder chez nous. Dans ta chambre, on ne le verrait pas. Dans la maison, non. Dans le jardin, bonne idée, l'acier est inoxydable. Sans y réfléchir une seule seconde, je le dépose moi-même sur cette quatrième pierre encore nue. Ces quatre pierres bleues après leur pose m'ont toujours laissée perplexe sur leur signification. Je me souviens avoir dit : « On dirait une pierre tombale. » On pourrait faire enlever ces pierres, mais toi que voudrais-tu ?

Tu es un loup, au début de chaque printemps, tu te réjouis de cette fête entre hommes, entre amis. Tu es un loup, au début de chaque saison de football, tu fais tes pronostics, tu n'en fais plus, mais tu veux t'y remettre.

Je suis ta mère, je vis parmi les loups, j'évite ces rencontres entre hommes, entre loups, ne participe pas à vos pronostics. Ici, dans cette ville, c'est la louve qu'on symbolise surtout plutôt que le loup. « La légende dit qu'une louve aurait allaité un enfant de la régie », je crois aux légendes, je crois aussi qu'on peut les réinterpréter, faire d'une femme un animal, lui rendre sa véritable nature sauvage. Tu t'es nourri à moi après avoir rampé à la sortie de mes entrailles comme un petit animal, un enfant, une jeune bête qui cherche à rejoindre sa race. Je suis venue en tant que telle te chercher, je n'ai pas eu à te tenir, seul tu es venu. Tu es le seul des trois. Je suis la première à t'avoir nourri, tu es resté comme un animal, un tigre doux, un loup protecteur, un maître-chien.

Notre jardin est ta place, celle du loup. Notre pelouse est ton cimetière privé. Chaque jour est un recueillement, chaque saison qui passera, même derrière la fenêtre, à ma façon, je te prierai. Pas le Notre Père, pour notre fils.

Six semaines se sont écoulées et pas un jour où une plume n'attire mon regard, je la ramasse, au moins une par jour. Maintenant, je me suis renseignée sur la signification exacte. Les plumes de ce type sont d'anges. Je prends ça pour moi, puisque c'est ainsi qu'à moi tu t'annonces. Dans mes recherches, la première signification, c'est un ange gardien qui veille sur vous, il est à vos côtés, il est pour vous reconnaissant. La deuxième signification, elle peut être aussi un être cher défunt qui vient tout simplement vous dire qu'il n'est plus là physiquement mais qu'il veille sur vous. Deux jours avant ta disparition, de qui venait le message : un ange ou un défunt ? Quel défunt ? Quel ange ? Tu étais encore vivant ou bien déjà une partie de toi se mettait à s'envoler ? N'est-ce pas moi qui t'ai laissé partir après tout ? Je te voyais voler de tes propres ailes comme un ange et n'est-ce pas moi aussi qui t'ai lâché la nuit de ton départ ? Les mourants font leur valise, c'est une expression employée dans notre jargon infirmier, un départ ça se prépare, quarante-huit heures avant c'est possible, mais quand même un peu précipité. Des bagages remplis de plumes, ça ne pèse rien un poids de plumes, ça passe inaperçu. On peut soulever un sac sans l'ouvrir, ça n'éveille aucun doute. Pourtant, il y en avait partout, quelle vitesse pour toutes les rassembler. Tu n'es pas présent, mais si tu es passé à la sauvette sans t'annoncer et reparti incognito, c'est tout à fait ton genre.

Ces signes, je ne m'en suis pas cachée, j'en parle tout de suite alors que tu n'es pas encore en terre. J'ai besoin de ça et qu'importe l'idée de me faire passer pour folle, démentielle ou délirante. Ces états peuvent être aigus, mais de mon côté maternel, la démence s'installe de façon chronique à un certain âge. L'important, ce n'est pas de toutes les citer, l'essentiel c'est d'être conscients que ce sont des gènes qui peuvent se transmettre. Après tout, ces états peuvent aider et vous protéger. Ils vous éloignent d'une réalité qui ne vous est parfois plus supportable. Mais je crois que je n'en suis pas là. En tout cas, pas encore. J'y crois à ça, ces messages, c'est mon droit le plus légitime, et puis je ne suis pas la seule. J'en parle avec ouverture à quiconque peut entendre. Des bouches se délient: Oussama, un de tes frères de sang, a rêvé qu'il a perdu une molaire, dans le Coran c'est le signe d'une perte chère, mais pas de la famille, ça peut être un ami, ce songe lui arrive approximativement une semaine avant J-7. Avant moi, quel instinct il a! Ilvan, lui aussi frère sanguin, a vu une étoile filante dans le ciel une nuit, assis sur le banc face à ton caveau en relevant la tête. Lui il est sûr, c'est toi, son frère Matthieu. Ta sœur cadette en a vu une aussi, est-ce simultanément? Possible. Tu viens dans les rêves, pour la famille, tu es rassurant. Tu es de leur côté. Certains, tu les suis. Ils se retournent et il n'y a personne. Pourtant, ils sont sûrs, une main s'est posée sur une de leurs épaules. Nicolo, un ami cher, a rêvé de toi, il dit «que fais-tu là, tu es mort». Tu ris et réponds «bien sûr que non, vous avez du taf pour le magasin», il va continuer de t'aider et tu es vivant à ses côtés, il se réveille tout troublé.

À ma séance de reiki, la première après ton enterrement, tu rentres dans la pièce, tu es debout puis tu te couches sur moi de tout ton long, tes cheveux sont bien coiffés, tu me souris, tu as ton blouson en cuir, ton jeans troué, ton tee-shirt blanc. Je n'étouffe pas, au contraire tu me réchauffes, et si mon souffle se coupe, mon apnée t'est offerte, je te sens respirer à ma place. Mon corps est une momie. Je te donne ma vie un moment, mais volontiers je te l'offre tout entière. Tu ne le veux pas ainsi, je dois me retourner et la lourdeur de mon corps m'en empêche, le soin du dos est une étape je n'y arrive pas, mais la facilitatrice me laisse le temps de me retourner sur le ventre. J'y suis enfin, tu es reparti avec légèreté, déjà le poids de ton corps s'est dissipé. Au milieu de la séance, je m'endors, si je respire encore je ne sais plus, d'où je reviens j'aurais voulu y rester, te laisser à ma place, prendre mon être tout entier. Mais tu as repris ta place et j'ai la mienne à garder. On se reverra plus tard.

Balenciaga PNL (Peace N Love)

Deux fois par semaine, je lave en machine tes chaussures qui ont une forme aérodynamique, leur couleur est très salissante, elles sont totalement blanches, sauf le sigle de la marque, très finement inscrit en noir sur chaque côté. Je dois dire que la qualité cette fois y est; elles se lavent comme des chaussettes, sèchent facilement, ne se déforment pas. Je me suis un peu renseignée sur leur provenance: un dénommé Cristobal Balenciaga, couturier et modiste réputé en Espagne dans le début des années vingt, il est le seul fils parmi trois sœurs d'une couturière qui lui transmet son savoir-faire. Dès son plus jeune âge, il a douze ans, il est pris sous l'aile d'un tailleur chez qui il peaufine son apprentissage. Au début des années vingt, alors qu'il a à peine vingt-quatre ans, il forge sa première entreprise en Espagne, parmi de nombreuses autres, se rend ensuite à Londres puis à Paris. À peine deux années après la Deuxième Guerre mondiale, il crée une ligne qu'il nomme tonneau. Des robes du soir, noires, asymétriques, leur coupe décentrée au corps, toutes mal ajustées à la forme féminine. Une robe sac en raphia de soie, le cracknyl une matière souple et rigide à la fois enveloppe l'anatomie entière, seule une tête passe, une partie du cou. Je visionne une des photos prises à l'époque, le mannequin féminin semble faire un effort pour tenir sa tête au-dehors. La dénomination donnée à cette haute couture du nom de tonneau me catapulte dans ceux que tu as vécus, du moins un.

Je suis au milieu du salon, la maison s'est remplie de nuit. Tu viens de mourir.

Je suis dans un trou noir, mon corps tout entier est dedans.

Au même moment, tu es placé dans une housse blanche prête à être zippée. Avant cela, deux heures avant, je suis encore dans mon sommeil, j'y suis bien. Dedans, je me suis endormie paisiblement.

Ton airbag vient de s'ouvrir sur toi, je dors encore; sur toi une explosion de poudre blanche.

Je dors toujours.

Le téléphone sonne.

Nous sommes tous deux dans le noir, on se cherche, on ne se retrouve que le lendemain.

Comme ces robes de Balenciaga qui enveloppent les corps dans un cocon, nous devons nous en défaire.

On t'enlève de ta housse. On m'extirpe de ma torpeur.

Il a fait nuit jusqu'à quatorze heures. Le jour vient de se lever seulement pour moi. Tu es couché à vie.

Le cocon se déchire; la lumière m'éblouit. Matthieu, savais-tu l'immensité de son talent? Si jeune talentueux. Vu ta précision vestimentaire sur la haute couture et ta sobriété maximale, je crois que oui tu savais pour Cristobal Balenciaga.

Sais-tu que mes ancêtres paternels étaient des Espagnols?

Oui, tu le sais, je te l'avais dit. Tu privilégies les couleurs noire, rouge, jaune pour le corps. Pour les pieds, c'est le blanc qui prime. Encore une fois, mais c'est moi qui me questionne, tu es belgo-italien, la couleur des drapeaux se confond sur ton corps: noir, jaune, rouge, blanc et vert? Il reste cette couleur, mais j'y pense, le vert et le blanc c'est la couleur des loups, l'équipe de football qui représente la ville. Tu es bien né pour tes deux patries.

PNL est un groupe de rappeurs très connu assez discret avec les médias, deux frères, leurs mélodies, leurs flots sont reposants. Leurs textes forts, assez poétiques je trouve, les mots parfois sont clashs, mais ça ne me heurte pas. Au contraire, le mélange se marie bien. Il te plaît. Les frères te plaisent. Ça te ressemble assez. Je t'entends souvent les écouter pendant que tu prends ta douche, ça va trop fort pour mes oreilles, donc je ne peux pas comprendre leurs textes.

Après ta mort, j'en écoute un extrait, le premier qui s'affiche s'intitule : « À l'ammoniac ». J'enclenche les paroles sur YouTube et leurs paroles se mélangent à nous. Je nous revois ces dernières années : nous sommes en pleine discussion, dispute, remise à l'ordre par moi bien sûr, nos seuls véritables échanges. Je m'en veux ensuite. Je tente d'ouvrir cette porte de chambre où tu t'enfermes si souvent, j'essaie d'entrouvrir cette partie de toi où tu me laisses juste un petit espace, heureusement je suis mince, j'arrive à passer, tu me blesses, mais je te blesse aussi. Nos rapports sont brefs, soit conflictuels, soit silencieux. Sur le trajet qui t'amène à ta petite amie, il nous arrive que seule la radio rompe le silence. Parfois, à hauteur d'un pont par lequel nous passons je m'émerveille de la beauté des champs, des vaches collées les unes aux autres, du ciel qui se couche, le ciel magnifique de l'automne : « c'est beau », je te dis. Tu me fais signe que oui sans ouvrir la bouche. Je sais que nous pensons de même, il n'y a pas lieu de parler ; ce qui nous entoure ne demande pas à être félicité ni jugé.

« La nature est » et ça se passe de tout commentaire.

« Ouais, ouais, ouais, ouais, ouais/Ouais, c'est l'désert dans la tête/J'remplace centimes par sentiments/Mon cœur se transforme en billets/Ouais, ouais, ouais, ouais. »

Mat ? Mat ? Mat ? Mat ? Mat ? Je monte, tu dors encore. « Tu as cours à quelle heure ? » Tu grognes comme un gros chien, tu te retournes vers le mur. « Tu commences à… à quelle heure ? » Tu marmonnes : « À dix heures. » « Tu ne vas pas te laver, t'es lavé ? » Tu es déjà lavé de la veille. « Et tes dents ? » Tu as le temps, je vais te faire un chocolat chaud, tu ne réponds plus. Je referme la porte et descends. D'en bas, j'entends l'eau du robinet couler. Tu te laves. Je suis à la cave. La porte d'entrée claque. Juste avant, j'entends… « À tant ' »… enfin je crois. Je remonte aérer ta chambre, l'odeur dans la pièce est comparable à celle d'un animal, un fauve, dans la salle de bains ton urine flotte dans la cuvette des W.-C., je jure. Bon Dieu que je jure en tirant la chasse ! L'évier n'est pas rincé. La glace remplie d'éclaboussures.

> « Inch'Allah, Inch'allah, Inch'allah
>
> Que Dieu nous pardonne pour nos crasses/Pour notre manque de compréhension/Envers l'Homme et sa putain d'race.
>
> Ouais, ouais, ouais, ouais, ouais/WAllah, wAllah, wAllah/ Que j'aimerais leur tendre la main/Mais ces sauvages me la couperaient/Mettraient ça sur le dos d'la faim/Ouais, ouais, ouais, ouais, ouais. »

C'est un mercredi après-midi, il y a un an environ, je suis assise dans le fauteuil, je dois lire, penser à ce que je dois faire ou qui n'est pas achevé, le téléviseur est allumé. Je suis partout où je ne suis pas, je dois cogiter, prévoir, laisser tomber où je voudrais aller. Je ne sais pas si c'est le moment où je te vois te presser le crâne en étau entre tes deux mains ou si c'est le moment où je vois le désordre que tu as mis sur la table qui me fait atterrir. C'est peut-être le mélange de toi, ta tête compressée et toute cette pagaille, ton matériel nécessaire pour finaliser la fin de ton stage dans cette petite école près de chez nous. Tu ne trouves pas quoi mettre en œuvre. C'est pour demain. C'est pour fêter les mères. Je me lève pour t'aider, au fond je veux que tout soit rangé au plus vite. Tu n'as que des gommettes de feutre, des paillettes, de la colle et une paire de ciseaux. Ton visage est rouge écarlate, je sens monter le ton. D'un seul coup, tout valserait en l'air, par terre, j'imagine même mon vase se briser. Tu n'as pas protégé la table, c'est du bois brut. Je vois la colle capuchonnée et j'imagine les dégâts sur mon bois brut. Je souffle. Je respire. Des gobelets, des serviettes de couleur, des rubans de toutes sortes j'en ai du stock.

« Un pot de fleurs ? »

« Ouais »

« C'est la fête des Mères, c'est bien un pot de fleurs avec un nœud, un ruban sur le gobelet ? »

Tu me dis : « Ils ont des retards, ils ne savent pas faire de nœuds. »

« Ils ont quel âge ? »

« Entre sept et neuf ans »

« Des élastiques pour faire tenir la serviette, Mat, non ? »

« Ouais, ça ouais. »

Je te vois assembler tes gommettes pour former une fleur comme un enfant de maternelle, c'est-à-dire comme ça te vient dans les mains. Je te laisse faire, je réfléchis tête chaude, comment les attacher ? Des pics à brochettes ? Je n'en ai plus. J'ai des pailles. Ça peut aller, Mat ? je lui dis. Il me répond : « Ouais, des pailles c'est bien. » « Si tu les colles dessus ils sauront faire ça ? » « Ouais, ça ouais j'pense que si. »

Les pailles font tomber le gobelet. On les coupe. Elles tombent encore. J'enfonce des serviettes vertes au fond des gobelets jusqu'à les faire déborder, à travers tout je laisse tomber trois pailles, trois tiges de fleurs de toutes les couleurs. Ça tient. « C'est génial, ainsi c'est bon », tu me réponds.

Ton projet est réussi, la monitrice te félicite, tu as eu de beaux points, l'institutrice te fait des éloges, tous ces enfants « à problèmes » sont pendus à tes lèvres, à tes gestes, il y en a à qui tu dois répéter plusieurs fois, d'autres une seule suffit et pour le reste tu le fais pour eux.

Ton préféré n'est pas là ce jour-là. Il deale, il a neuf ans, sa mère l'envoie cherche ce qui lui manque, il revient pour lui apporter ce manque. Ses frères plus âgés aussi. Il n'y a pas de père. Le gamin est absent trois quatre fois par semaine à l'école, les éducateurs, les institutrices, la direction ne savent plus comment le gérer. Il fume son joint dans les toilettes. Tu es le seul qui lui parle avec douceur, mais fermeté. Pour la fermeté, tu me dis que tu es obligé. Sur mes conseils, tu fais un deal avec lui : tu lui demandes de venir au moins deux fois par semaine à l'école, pour lui, pour lui faire ce plaisir. C'est promis, il viendra. Le stage est terminé. Tu ne le reverras plus jamais. Il doit être en manque de toi, je ne connais même plus son prénom.

> « Une vision d'paranoïa/L'corbeau remplace le chant du coq/ Un « je t'aime » coupé à l'ammoniaque/Ou j'finis comme Manu Le Coq/Ouais, ouais, ouais, ouais, ouais.
>
> Yemma/ J'crois que personne ne vit sans regrets/Nous, on est tout l'contraire de Piaf/Cerveaux à chaud, l'cœur baisse les degrés/Ouais, ouais, ouais, ouais, ouais. »

« J'ai fait ta chambre, j'ai vu que tu écrivais, tu écris bien. »

Non, tu n'écris pas. T'as fait ça juste comme ça. Tu refermes la porte de ta chambre.

« Mat ? Mat ? Mat ? Mat ? Mat ? On va souper ? » Tu vas descendre. J'ai retrouvé dans ta poubelle de belles phrases. « Tu écris des chansons ? Ce sont de belles paroles. »

Non, tu n'écris pas de chansons, t'as griffonné ça juste comme ça. Non, tu ne me dis pas griffonné, je ne sais plus le terme exact que tu emploies, mais encore une fois tu te sous-estimes.

Je t'assure que c'est bon et juste, je veux même t'aider encore, bricoler avec toi tes mots, les mêler aux miens, les mettre bout à bout.

Non, tu crains que l'on ne se moque, ça ne va intéresser personne, je n'insiste pas. En y repensant, nous sommes tous deux des indécis, imprévisibles, et sans estime pour nous-mêmes au fond. Et puis, pourquoi vouloir me mêler de tes écrits personnels ?

Oui oui oui oui oui. Tes mots sont comme des éclats de verre, des petits coups au scalpel, des petites coupures pleines de douceur. Je te dis de te lancer, ça va marcher. Tu veux que sur toi je referme la porte de ta chambre.

« Mat ? Mat ? Mat ? Mat ? Mat ? On va souper ? » Tu vas descendre. Tes mots sont couchés sur papier, un jour je les retrouve, ils sont déchirés, je tente de les rassembler comme les pièces d'un puzzle, mais il y a trop d'espace entre les mots et les illustrations, des formes géométriques, je ne parviens pas à recoller les morceaux, sauf un où je lis : « Ma mèr », je dois le relire, je ne sais comment l'interpréter avec cet accent grave et sans moi, est-ce moi ou la mer ?

> « À la vie, à la muerte/Le temps passera plus vite qu'hier/Le soleil s'couchera dans la vallée/La lune sortira une bière/Ouais, ouais, ouais, ouais, ouais/Ouais, ouais, ouais, ouais.
>
> [Refrain] Ademo, je t'aime/Ouais, ouais, ouais, ouais, ouais À la folie/Ouais, ouais, ouais, ouais Passionnément/Ouais, ouais, ouais, ouais, ouais À l'ammoniaque/Ouais, ouais, ouais, ouais, ouais.
>
> Je t'aime/Ouais, ouais, ouais, ouais, ouais À la folie/Ouais, ouais, ouais, ouais Passionnément/Ouais, ouais, ouais, ouais, ouais À l'ammoniaque.
>
> [Couplet 2 N.O.S.] Ma vie, ma vie/Pourquoi petite fleur a fané ?/ Elle était belle loin de la jungle/Mais bon la jungle l'a attrapée/ Ma vie, ma vie/Pourquoi tu perds les âmes comme ça ?/Ce monde a mal et j'ressens ça/Ils sont dans l'noir, mais je les vois/Je les vois, ma vie/Mais je n'ai d'yeux qu'pour ma famille/J'ai fait l'million, j'me suis assagi/Mais on doit rendre ce qu'on a pris. »

J'ai des souvenirs heureux de vous enfants, je crois qu'ils s'apparentent à ce qu'on appelle « bonheur ». Nos horaires étaient fous, nos allures chronométrées, nos débarquements en famille avec vous une véritable organisation. Les tablées de fêtes bondées, nos dépenses rouges, en dessous de zéro. Pourtant, même le dernier franc avant les fins de mois ne nous freinait pas dans notre enthousiasme. Partout, on vous a transportés, dans les maxi-cosy, posés sur une chaise, un petit lit pliant dans un coin au beau milieu d'un mariage, et moi avec mon bide qui t'attendait, je n'ai jamais regardé l'heure sur ma montre. C'était l'instant, le moment, sans pronostic de lendemain, sans la peur de la route à faire, du départ de là où nous nous trouvions. La route à faire en sens inverse, attachée à l'arrière, ta sœur aînée avait la tête sur nos vestes, la chemise de pyjama déchirée de papa sur la tête.

Je me souviens de mon enfance, par bribes, qui se précisent parfois sur un petit détail comme si je n'avais pas grandi. Vos souvenirs se mêlent aux miens, ils se ressemblent. Vous grandissez, tout s'arrête. Le bonheur s'interrompt, vous vous êtes allongés trop vite. Je m'enfuis dans mon travail. J'achète des livres, j'en emprunte, je suis à la recherche du temps perdu, je n'ai d'yeux que pour vous, il est trop tard, la maison est vide, je continue à lire lire lire.

> « Ma vie, ma vie/Chez moi, on t'aime puis on t'oublie/Chez moi, on saigne puis on grandit/Chez nous, respecte, ouais, on tire/Ma vie, ma vie/Devenir quelqu'un pour exister/Car personne nous a invités/Donc on est v'nu tout niquer/Tout niquer, ma vie/L'histoire s'ra courte à mon avis/Comme la dernière phrase de ma vie/ J'tirerai en l'air, j'dirai « tant pis »/Ma vie, ma vie/
>
> J'me défonce, je fais la diff'/Les anges sont tristes, l'démon kiffe/ Pourquoi t'as dit « je t'aime » au pif ?/Animal heureux sous les griffes/J'ai patienté pour m'sentir vivre/Donne-moi du temps, j'en f'rai du biff/En attendant, demain m'enivre. »

Beaucoup d'autres souvenirs me viennent encore, mais il faudrait des pages, encore beaucoup de pages. Je n'ai plus de musique.

On ne s'appelle pas. Enfin, ça arrive que je doive le faire, mais ta messagerie est le seul son qui me répond. Elle dit:

« Matthieu ». Tu te nommes, c'est tout. Puis, je suppose que tu as fait cet enregistrement quand il t'arrivait de prendre encore le bus, car ensuite je perçois en fond la fermeture de ces doubles portes qui annoncent un départ immédiat. Il y a une petite sonnerie très reconnaissable, on dirait un compte à rebours, tût tût tût comme trois, deux, un. Tu raccroches ensuite. Est-ce pour faire passer ta boîte vocale en canular ou voulais-tu vraiment y mettre une suite mais ton déséquilibre dans le véhicule t'a basculé vers l'arrière et t'a interrompu ? Je ne l'ai jamais su et je ne le saurai jamais, alors je peux tout inventer, tout imaginer pour ta messagerie bidon ou pas. Je t'appelle le soir de l'accident alors que je sais que tu ne sais plus répondre, je veux une suite à tes paroles. Je compose ton numéro plusieurs fois de suite je crois, des dizaines peut-être je ne sais pas, si cela tombe une seule fois a suffi à démultiplier ta voix à l'autre bout du fil.

Ta suite, on nous la fait connaître, les témoins ont leur version, le conducteur fantôme la sienne, le passager de trop à l'arrière aussi, la tienne tu me l'as susurrée à l'oreille. C'est toi que je crois. Ta version est la bonne, je suis ta mère. Tu m'as écrit « Je t'aime » deux jours avant, c'est comme si tu me l'avais dit. Je te crois quand tu écris, tu écris vraiment, ce n'est pas sorti de toi au pif. Tellement longtemps que tu voulais me le redire, tellement de temps à attendre avant que tu ne te décides à reformuler ton amour pour moi. Je t'ai répondu « Je t'aime », pas « aussi », ça aurait été de trop. Moi aussi, c'est sans équité. Je t'aime tout juste sans suite. Je t'aime sans arrêt. J'imprime des synonymes qui ne s'éloignent pas du verbe : des cœurs. Je fais suivre des cœurs.

Comment t'es-tu retrouvé là assis à la place d'un autre ? Celui à côté de toi est tout ton contraire. Vous faites demi-tour pour le passager de trop. Son plan avec une fille, une femme, foire. Il n'a pas su s'y prendre. Toi, tu plais sans en faire des tonnes. Le conducteur fantôme, enivré, énervé, trop rapide, irresponsable, trop jeune d'esprit pour toi. Six années en plus que toi, enseignant, vraiment Matthieu t'en sais déjà beaucoup plus que lui. Vous repartez à cette boîte, Le Bouddha, à ciel ouvert. Celui pour qui tout est tombé à l'eau monte à l'arrière, tu restes devant, tout est chamboulé, la vitesse est plus forte, l'ivresse installée, l'ambiance monte, l'hymne tu le chantes, eux ils ne peuvent pas en comprendre le sens, le son est mis à fond, comme tout le reste, la route est dégradée, le chauffeur fantôme va parachever les dégâts, celui qui vous a fait perdre du temps derrière, que fait-il ? Il dort ? Il cuve ? Il chante ? Il pense à son plan foireux qui t'a foiré ?

À la sortie, le sorteur hésite à rendre les clés à celui qui perdra le contrôle de sa Mercedes flambant neuve. C'est le choc, le premier, la grande lignée blanche sur la rambarde, tu prépares ton envol, c'est le deuxième choc, la petite plume blanche aussi sur la rambarde, c'est là que tu t'envoles. La bagnole maudite bascule, vous tournez, ta tête c'est la pire des images qui me viennent à l'esprit, elle est indélébile, si ma tête pouvait ressembler au tableau d'Alice, sur lequel tout s'efface. Un coup, il n'en a fallu qu'un seul sur ton crâne.

Tes vêtements nous sont rendus, tes Balenciaga aussi, elles sont éclaboussées de ton sang, des gouttes, juste des gouttes. Les autres n'ont que des égratignures et un seul, une seule fracture. À peine deux heures passées par le service des urgences. Ils en souffrent sûrement, mais pas longtemps. Dans leur corps, il reste des effluves d'alcool, des stupéfiants on leur en donne sûrement pour calmer leurs maux. Toi, tu n'as pas souffert. Ta vie s'est écoulée par tes orifices, ton nez, tes oreilles, ta bouche, tes yeux ils sont toujours ouverts. Tu veilles toujours sur ce fantôme, tu le tiens. Il dit que c'est lui qui te tient, mais c'est impossible. Pour moi, il est un spectre. Je ne le vois pas te tenir. Il veut fuir, mais toi sur lui l'en empêche. Il est si sombre encastré dans son siège en cuir noir. Il n'a pas de corps, il ne saurait te protéger de ses bras, il n'en a pas. C'est toi qui le sauves, Matthieu : Dieu qui sauve, en latin. Toi qui prends place aux côtés d'un solitaire au lieu de la prendre aux côtés des filles, en toute sécurité. Toi qui ne pensais qu'à te repeigner avec la brosse en forme de souris qu'une d'entre elles possédait, mais qu'elle a réalisé ne pas avoir dans son sac. C'est l'oubli qui t'a fait te retourner vers celui qui n'avait personne à ses côtés. Tu ne laisses personne seul, c'est moi qui te l'ai appris, de ne jamais laisser tomber quelqu'un, tu le fais, tu montes. Tu le prends en pitié et là tout de suite c'est la bonté que je t'ai enseignée qui me rend piteuse. Tu es croyant, tu veilles sur les autres, tu tends l'oreille, tu as les yeux d'un enfant de chœur, tu t'installes à ses côtés, personne ne te force à y aller, tu y vas. Tu as confiance, tu es croyant.

Une heure avant, un Snap te filme. Je ne l'ai jamais visionné, cela serait me mettre à mort, te voir sourire vivant et heureux, ça me ferait mourir vite, alors il me faut survivre avec cette image que je ne visionnerai certainement jamais. Je ne vis plus depuis cette soirée, je suis en survie, je vis au-delà de toi, je t'écris. Ça me maintient, mais jusqu'à quand ? Les chapitres diminuent. Mon amour pour toi est si fort. Je pourrais en mourir de chagrin. Tes sœurs sont là, à peine si je les écoute encore, à peine si je fais l'effort de changer mes phrases, elles sont toutes pareilles, se ressemblent toutes. Tes sœurs sont en vie, survivent-elles aussi ? Moi, je ne vois que toi. Dans le miroir, je ne me reconnais plus, comme je cherche toujours quelque chose de familier de toi dans ta réparation faciale. À part tes vêtements, tes chapelets, ta casquette, le reste n'a aucune ressemblance avec toi. Même dans une glace même brisée ou l'eau d'un lac, on peut voir reflétés nos traits, devenir narcissiques, se trouver beau, se contempler.

L'image de nous n'est plus, elle est dépassée, c'est du passé. Je ne serai plus pareille, ma peau s'affine, mon ossature saille, je ne vais pas vieillissant, je me sens rapetisser, enfant je veux le redevenir à ta place, prendre la tienne, revenir en arrière, me mettre dans ta peau, dans ta tête, pour tout tout recommencer. Si ma tête demande à mon corps de faire demi-tour, la jeune enfant pourrait te suivre. Comme une plume, je peux peser. On pourrait me soulever sans avoir à se faire de mal, ça ne demanderait aucun effort. Me souffler dessus suffirait pour que je parte. Tes vêtements me sont rendus, mais il n'y a que moi qui les regarde, qui les sens, une odeur d'humidité nocturne s'en dégage et ta propre sueur aussi. Ton tee-shirt est déchiré sur le tronc, ton pantalon l'était déjà, quelques gouttelettes foncées de ton hémorragie crânienne, de petites giclées coagulées parsèment ce que tu portais. Ton slip aussi est humide, je le sens, ce n'est pas de l'urine, tu ne t'es pas vidé par là, ton cerveau n'a pas eu ce réflexe. Tant mieux. Sans trembler, tu es parti, avec la vitesse et la brièveté d'un oiseau qui déploie ses ailes. Tes ailes composées de plumes très particulières, elles doivent souvent se renouveler pour se répandre si vite autour de moi, car elles continuent de tomber sur mon passage. Chaque jour, plusieurs, les teintes changent, les messages aussi.

Elles chutent sur nos passages, grises ou blanches, allongées, elles sont signe de sérénité et d'équilibre. Toutefois, elles mettent aussi en garde contre l'abus. Cette fois, c'est moi, Matthieu, qui abuse, qui exerce dans l'abondance. Je te remplace. Sous mes pas, tu me tombes dessus. Je te consomme dans l'abus : tu es encadré sur nos meubles, nos cheminées, on va continuer et se surdoser encore, on fait couler des kilos de cire chez nous et sur ta tombe en béton, je te raconte tous les jours, prononce ton nom plusieurs fois dans la même histoire, il n'y en a pas une où je ne te vois pas assis, où je ne me vois pas t'attendre, je fume cinq cigarettes par jour, est-ce de l'abus ? Les médicaments me calment, les effets ne me sont pas encore indésirables, ils me gardent sereine et en équilibre, éliminent mes angoisses, ce n'est pas de l'abus. Je fais du sport trois fois par semaine, ce n'est pas de l'abus. Il me maintient en équilibre, ça m'empêche de couler. À la piscine, l'eau rentre par mes orifices : oreilles, nez, bouche... à chaque fois, elle semble rebaptiser mes mauvaises pensées, mes idées sombres, mes mauvaises intentions dans lesquelles elle m'empêchait l'accès, elle semble renouveler ma boîte crânienne. J'y retourne souvent. Le nuisible se redépose dans ma tête comme de la poussière sur un meuble. Je fais des projets : partir en vacances, faire des sorties, j'irai lire dans les écoles, les maisons de repos, les prisons, j'irais même lire en rue sur un trottoir s'il le faut. Je veux de l'enfance autour de moi, libérer les esprits derrière les barreaux.

J'ai lu que seuls les gardiens de nos âmes ont le pouvoir de veiller sur les vivants, les survivants. Les oiseaux n'en sont pour nous que des précurseurs, des messagers. Ce sont eux qui se rapprochent au plus près du ciel, vont à la source puis reviennent à nous. Dans quel espace se passe l'échange, le dépôt du courrier ? Les plumes blanches recourbées et courtes sont là pour protéger l'âme, chaque jour elles se multiplient sur moi, sur notre entourage. J'imagine un homme en plein vol, les oiseaux qui se ravitaillent au-dessus de nous sans qu'aucun d'entre nous ne s'en aperçoive. Même la chute d'un plumage est invisible, ce n'est qu'au sol qu'on peut les voir. Nous sommes aveugles, nous marchons tête baissée, nous sommes aveugles, nous marchons tête en l'air. Matthieu, j'ai un tableau devant les yeux, tu es cet homme, cet ange, notre dernier défunt. Mes ancêtres sont autour de toi, mais c'est toi qui portes la lanterne, vous êtes tous en haut. Je suis en bas, mes mains vous allument, mes mains ramassent vos petites enveloppes recouvertes d'un duvet. On ne s'éteint jamais. On dit aux enfants que les morts montent au ciel, pour cela on fait ce geste : on se casse la nuque à pointer le nez au ciel.

> [Refrain] « Ademo Je t'aime/Ouais, ouais, ouais, ouais À la folie/Ouais, ouais, ouais, ouais, ouais Passionnément/Ouais, ouais, ouais, ouais, ouais À l'ammoniaque/Ouais, ouais, ouais, ouais, ouais Je t'aime/Ouais, ouais, ouais, ouais, ouais À la folie/Ouais, ouais, ouais, ouais, ouais Passionnément/Ouais, ouais, ouais, ouais, ouais À l'ammoniaque
>
> Outro: Ademo Je t'aime/À la folie Passionnément À l'ammoniaque. »

« Matthieu est-ce que tu m'aimes avec ma folie ? »
« Pas du tout. »

« Passionnément ? »

« Énormément. »

« Parfois moins quand même ? »

« Un peu, un rien, pas longtemps. »

« Tu m'aimes beaucoup ? »

« À flot. »

« Et pour cette folie en moi ? »

« T'es pas folle du tout. Mais toi, maman, est-ce que tu m'aimes à la folie ? »

« Éperdument. »

« Et moi si j'étais fou ? »

« Avec fureur. »

« Tu m'as aimé parfois moins. »

« Moins d'un gramme, plus vite qu'un souffle. »

« Tu m'aimes pour tout ce que j'ai été ? »

« Abondamment. Pour te le prouver, je pourrais jeûner, dans mon sang déverser de l'ammoniaque. »

Le cimetière

Ma grand-mère maternelle m'emmenait au cimetière. Pour moi, il est devenu un endroit de promenade comme un autre, un parc, un bois, une visite chez une connaissance. Celui où tu reposes est celui-là même. La route, les trottoirs ont changé, plus larges, plus accessibles jusqu'à l'entrée ; le reste non, le portique orné de la chouette, l'allée de graviers, la conciergerie sur la gauche, les jerricans et le point d'eau. Les deux chênes ont grandi et une pinède s'est allongée ; dessous tout s'obscurcit, on peut s'y abriter. Les petites tombes longent la pinède. En lisant les dates, je réalise qu'ils sont morts avant ma naissance. Ils faisaient déjà partie de la promenade du samedi après-midi. Certaines sont encore fleuries, une relève doit avoir eu lieu. Elles sont encore visitées. Je voudrais qu'on puisse te visiter toujours. Je parle au-delà de moi, car je ne sais jusqu'où va me mener ta perte, jusqu'où je peux la supporter sans être à tes côtés. Il y a tes sœurs, puis tu es si jeune, des va-et-vient tu en auras comme ces petits près de la pinède. Sur leur pierre et leur photo, on voit nettement leur visage sans l'usure du temps. On sent du mouvement sur eux, ne crains pas de ne pas être recouvert de fleurs ni de gravures, c'est prévu, ça se perpétuera, et puis c'est un caveau, il y a encore quatre places. Du passage, il va y en avoir, on pourra même te revoir. Tes Balenciaga ne seront plus si éclatantes et les taches dessus seront-elles ternies ? Je ne sais pas si l'obscurité complète conserve les couleurs, si le blanc reste blanc. Le panier de Gilles sera le plus vite dégradé, c'est de l'osier, un an tout au plus pour sa dégradation. Le bois qui te contient est protégé par le béton, tu as été scellé, zingué, ce qui t'enveloppe a une certaine résistance, pour combien de temps ? Plus de quinze années, ça me ferait soixante ans.

Je veux donner mon corps à la science, cela demande de nombreuses démarches, je vais m'y atteler. Qu'on me coupe, me déchiquette, me décompose, m'analyse ou conserve certaines parties de moi est une forme de continuité sur ce corps qui nous est prêté. C'est un prêt matériel seulement. D'une manière ou d'une autre, il faut le rendre ; inhumé, brûlé, donné, il le faut ainsi. C'est la loi, il faut en faire quelque chose. Pour ma part, j'en ai toujours parlé ouvertement. Quand il a fallu se décider pour toi, j'étais présente, mais mon esprit si embué par ce choix que l'on demande si rapidement et puis j'étais sur ton texte « ton tigre de douceur ». J'étais restée dedans, je suis restée dedans, autour le choix s'est fait sans mon intervention donc approuvé unanimement. Ce n'est que le lendemain que j'ai demandé « Pourquoi le caveau ? Pour combien d'entre nous ? » « Nous cinq bien entendu. » « Mais je vais faire don de moi. » « Oui, mais on te brûle ensuite. » « Et donc ? » « Maman, on peut te partager en deux, une urne dans le caveau et le reste comme tu le veux. » « Eh bien comme je vous l'ai dit, la dispersion en mer. » « O.K., on fera comme ça, une urne en terre et une dispersion en mer. » Je précise « du Nord ». Ta mort partage mon corps en deux, tu vois je reste polyvalente ainsi.

En ce moment, pas un jour sans te rendre la visite depuis tes funérailles. Je me souviens, un vieux banc traînait au loin. Un parent de la famille l'a installé devant toi. On s'y assied en riant même. C'est une convivialité pour nous, tes amis, une forme privilégiée par rapport à tous tes voisins qui te précèdent. Toi, tu es le dernier de la file, normalement tu le resteras. Il y a un double grillage assez neuf qui donne sur une rue en cul-de-sac, une zone résidentielle, des villas cubiques comme tu les aimes. Tu ne seras jamais dans aucune, mais un voisin tout proche.

Le lendemain, le banc a repris sa place initiale, les fossoyeurs sans doute, le soir même il est replacé devant toi par je ne sais qui. Depuis, il y est toujours. Le mari de la défunte sur ta gauche est d'origine grecque. Ils le sont tous les deux d'après la consonance du nom de famille. Elle avait plus de septante ans, chaque jour son mari encense la tombe de sa femme, je le scrute, tu me connais. Je m'en intéresse, il me donne le nom de l'encens impossible à retenir. Il me propose de t'encenser, me montre où je dois placer les mains pour ne pas me brûler, gauchement je le fais. Chaque jour si je le lui permets il t'embaumera de cette agréable odeur. J'accepte volontiers.

Le mois de juillet est pluvieux. Des inondations dans certaines régions font des victimes, en partant pour te voir, la radio annonce un décès, un jeune de dix-neuf ans comme toi, noyé, emporté par la crue. Tout de suite, j'ai pensé à toi, pas à ton décès d'il y a trois semaines, mais à l'idée même que tu es intervenu pour que sa noyade ait été abrégée sans qu'il doive trop se débattre, une apnée instantanée. Je pense à ses parents, à leur douleur si elle se présente sous la même forme, si en vouloir à la nature est semblable à en vouloir à un homme, celui qui t'a donné la mort. La nature a le droit à la vengeance sur nous. Elle nous le prouve d'ailleurs, l'homme non, s'il se décide à rendre justice il se fait emprisonner. La justice permettra de quantifier les méfaits sur ta personne. Nous devons encore attendre des mois, mais nous en connaissons déjà l'issue. Ta mort n'est pas quantifiable, seules nos vies le sont, en tant que victimes lésées. Je ne m'attendais pas à ce que nous soyons autant quantités négligeables aux yeux de la justice. Si tu avais eu un handicap suite à l'accident, tu aurais eu plus de valeur. Entendre cela nous a été insupportable. Nous essayons de ranger notre colère, de l'enfermer un peu. Pour ma part, certains jours, elle tombe dans l'oubli à grande vitesse.

Tu as été visité par le fantôme et sa famille, sans nul doute par ses parents. Le passager de trop, je crains qu'il ne soit toujours de trop. J'ai retrouvé deux bouquets sur la pelouse non loin de toi, posés à près d'un mètre d'intervalle. La fraîcheur dans le coloris, c'est la seule chose qui m'ait interpellée. Jeter deux beaux bouquets si neufs ce n'est pas le genre de ton allée, ici tous soignent sérieusement leurs morts, gardent le coin propre, respectent les environnements des alentours. Ce jour-là, il pleut des cordes, mais je veux m'assurer que tes neuvaines ne sont pas toutes éteintes par la pluie. Tu es aux quatre vents, sur place certaines sont encore allumées, je m'abrite sous les sapins, m'obstine avec les allumettes, je m'oblige à faire craquer le soufre sur le côté de la boîte qui se ramollit au contact de l'air humide. Je me penche au ras du sol, je suis trempée, tremblante de froid, mais je continue une à une j'y arrive enfin. J'ai une envie de fumer oui parce que je continue ton vice sans dépasser ma limite imposée : quatre maximum par jour. Il drache, aucune accalmie, j'enchaîne l'une sur l'autre deux cigarettes pour les allumer c'est le même calvaire, mais j'y parviens. Mes yeux ne peuvent s'empêcher de visualiser les deux bouquets que j'ai déposés sur ton banc, prêts à être jetés dans le container. Je ne sais lequel de nous deux, toi ou moi, commence à hésiter sur leur sort. Je te demande ce que tu voudrais. À ma place qu'en ferais-tu ? Je suis libre d'en faire ce que je veux, mais je ne peux m'empêcher d'écouter ton cœur, même si la dernière fois il t'a lâché dans ton excès de bonté. Au-delà de ça, sans cette abondance, tu aurais été adoré. Regarde ta tombe, elle est inondée de couleurs, noir, jaune rouge blanc vert, tout ce que tu représentes pour les autres est ici sous mes yeux. Tu me donnes la réponse sous la pluie battante, trempée dégoulinante, les deux bouquets, je m'empresse, car il faut que j'aille vite tu sais, les toucher me salit les doigts, me dégoûte, mais tu le veux ainsi... Je les cache là où personne ne peut les apercevoir. Ils ne sont ni trop près de toi ni trop éloignés. Tu les acceptes, moi pas, tu leur pardonnes, moi pas, mais je suis la seule à pouvoir le faire. Je n'en parle à personne, je me sens si fébrile qu'il me faut aller me déshabiller, m'envelopper dans des couvertures, je prends un somnifère avant le dîner, je dors tout l'après-midi. Tu m'en demandes trop. Je veux oublier ce que tu viens de me faire faire, je veux oublier ces fleurs que l'on n'a pas déposées sur ta tombe mais sur l'herbe, c'est moi qui les ai autorisés à venir se faire pardonner auprès de toi, mais autorisation ou pas de ma part, le cimetière est ouvert au public.

Je ne sais qui ils sont, je connais juste un des prénoms et cela me suffit pour l'instant, le reste on nous l'annonce sans nous ménager, sans nous y préparer : le mandat, le procès, l'attente des faits constatés, la procédure très longue, un an ou plus. Ce qu'on me dit de lui ne me suffit pas, ils abrègent tout, ne donnent aucun détail. Sauf un seul, il veut en finir et sa fin ne me touche pas, je le leur dis, c'est ta fin qui m'affecte, pour toujours me voilà affectée, victime affectée. Avec le temps, la douleur s'estompe, c'est ce qu'ils disent, je peux déjà leur dire que non. Mon amputation est fantôme, elle est située derrière les côtes et sa douleur est constante, chaque jour elle se creuse plus profondément. Je sais ce que c'est d'avoir en soi une chose en moins.

Des membres coupés j'en ai vu, surtout des jambes où il ne reste que le moignon. Leur douleur est toujours dans leur jambe, celle qu'on a coupée. Les douleurs fantômes du membre manquant sont toujours là. J'en ai vu faire comme si leur membre était toujours attaché à eux, je remplis mes journées comme si tu étais là, parce que tu marches à côté de moi, alors parler, se mouvoir avec personne à vos côtés que personne ne peut apercevoir c'est traîner sa peine. Elle ne s'estompera pas, tu as vingt ans presque, ce n'est pas un enfant mort-né que j'ai perdu et qu'on a pu embrasser, un enfant malade que j'ai perdu et qu'on a pu accompagner, c'est un enfant que j'ai vu grandir trop vite et un homme que j'ai perdu sans un au revoir ni même un sourire ni même un seul regard rien de tout ça. Tu es sorti de ma vie, de nos vies, une heure avant tu nous assurais de ton retour. Il faut pouvoir faire comprendre cela à ceux qui disent « estomper ». Une heure s'estompe sur soixante minutes et nous victimes affectées, ça se compte comment ? En jours, en mois, en années. Faudrait pouvoir y répondre avant de réduire notre mal dans le temps. Une heure d'attente dans nos vies, ça ne s'efface pas, ça continue de s'écouler. Sa durée en nous est sans limites jusqu'à ce que nous ne puissions plus respirer. À cet instant s'arrêtera notre affliction.

Je m'éveille dans la soirée, il continue de pleuvoir, le ciel n'a cessé de verser des larmes à ma place. J'ai dormi tout ce temps au sec. Je ne rêve de rien sous l'effet des benzodiazépines, j'oublie tout pendant ce sommeil profond, je m'oublie, je t'oublie. Je ne peux pas le faire chaque jour, il y a tes sœurs, mais je continue de t'écrire, ça me soutient, ça me fait souvenir d'être là, ça me fait penser que sans ta présence dans ma tête je dormirais pour toujours. Ce n'est pas le moment, il y a tes sœurs et je t'écris. Et après t'avoir écrit, comment m'y prendre avec tes sœurs sans leur montrer que c'est toi qui viens toujours devant mes yeux ? Tu étais entre elles, au milieu, maintenant il y a un vide, me mettre à ta place, les écouter blaguer, me coucher sur le tapis dans leur chambre, leur raconter ma journée, jouer à un jeu de société, les consoler, les conseiller, ça va être dur, c'est toi qui savais faire tout ça. Moi, mon travail, mon ménage. Aujourd'hui, il ne me reste que les petites tâches quotidiennes, sauf faire la cuisine ça ne vient toujours pas. Mon boulot, je n'en ai plus, et de moi il ne me reste que quarante-trois kilos, et si après t'avoir écrit je ne savais toujours pas parvenir à faire ce que tu faisais avec ceux qui t'entouraient, à nouveau j'écrirais pour elles, écrire ce que je ne sais pas dire ni faire.

Tes arrière-arrière-grands-parents sont dans une allée à cent mètres de toi, dans une allée perpendiculaire, à une centaine de pas. Je ne t'ai jamais présenté à eux, ou peut-être es-tu déjà passé devant eux. Visitant parfois le cimetière la nuit avec Oussama, vous trouvez ici l'apaisement, renforcez vos liens, devenez confident pour confident dans l'intimité de vos conversations. Un catholique et un musulman. Vous vous appelez « Chef ». Ce n'est pas un éloignement dans vos échanges, vous y trouvez des similitudes formulées différemment. Vous devenez frères. À ta mort, je lui demande de te remplacer. Il opine de la tête, derrière sa chevelure ébène. Je ne sais voir ses yeux, mais ce n'est pas un obstacle. Mon instinct m'a guidé vers lui, c'est ton remplaçant. Il veut bien, il accepte, mais je lui dis qu'il peut s'en défaire si un jour pour lui ce n'est plus possible. Je le comprendrais. Je sais qu'il t'a protégé et qu'à ton tour tu veilles sur lui. Il voudrait que je connaisse ses petits à venir, ta perte est une tristesse profonde pour lui, il se cache derrière ses cheveux, ils retombent sur son visage. Je lui dis tout bas dans l'oreille qu'il baisse ses tentures. Je les entrouvre et il me sourit. C'est léger comme mon toucher. C'est léger comme un frôlement, je le touche du bout des doigts, je lis tout quand j'écarte ses rideaux noirs ondulants. Avant que tu ne meures, je lis *Les yeux bleus cheveux noirs* de Marguerite Duras, mon marque-page dépasse du livre à cette page en suspens, je n'arrive pas à m'y remettre : c'est le livre entre la vie et ta mort. Entre mes mains, parfois je le tiens sans l'ouvrir, je le caresse c'est tout, puis le range. Je vous vois tous les deux Oussama et toi, je te vois en lui, ses cheveux noirs tombant sur ses épaules, recouvrant sa face ; derrière son voile noir, tes yeux bleus.

  Ton arrière-arrière-grand-mère paternelle s'appelait Désirée, nul besoin de connaître l'origine de son prénom. Elle se veut comme elle se nomme. C'est une clarté d'être appelée ainsi. Elle est décédée quand j'avais six ans, je me souviens de son sourire, qu'elle fumait des cigarettes sans filtre. La marque n'existe plus, le paquet était orange. Pour éviter le jaunissement de ses doigts et le contact de ses lèvres avec le mégot, elle emboîtait sa cigarette sur un petit capuchon nacré. Elle était grande, mince, toujours coiffée de la même manière, une mise en plis par quinzaine, son cache-poussière dessus ses robes et ses jupes, son rouge aux lèvres, son vernis à ongles, son chien noir, mon arrière-arrière-grand-père soit au jardin soit au cabaret soit assis sur la porte, les soirées d'hiver la cheminée les séparait. Chacun leur fauteuil en cuir, une manette pour soulever leurs jambes, celui de Désirée était rempli de trous. Son addiction aux séries télévisées lui faisait oublier de fumer et faisait tomber ses cendres chaudes sur les accoudoirs. Parfois, elle tombait endormie entre deux séries, sinon elle fumait cigarette sur cigarette, par chance le feu se coupait sur son sofa ; une nuit, il y a même eu un début d'incendie. Son dernier mégot fumant dans le cendrier retombé sur la toile cirée, elle s'était levée à temps pour couper le feu avant l'embrasement. C'est un don, coupeur de feu, un coupe danger cette Désirée. Toujours, elle souriait, même entourée de fumée, elle riait d'elle-même Désirée. Elle se laissait vivre, laissait venir à elle, elle s'est laissé mourir aussi, son lit installé à la fenêtre donnant sur la rue. Elle s'est éteinte comme une bougie. Je ne l'ai vue guère bouger, sortir de son fauteuil en cuir, parfois cuire un steak même ça elle le faisait cramer, le gaz ouvert, oublié entre deux épisodes de *Dallas*, le steak cuit et recuit dans la poêle pour finir sa cigarette sur le coin de la table, pour ne pas rater le début et écouter jusqu'au bout le générique. C'est l'odeur du cramé qui l'alertait dans son arrière-petite-cuisine, elle sortait sa poêle par la petite porte qui donnait sur la cour. C'est peu, je sais, de vous parler d'elle avec ces quelques détails, mais c'est ainsi qu'elle me vient en mémoire. Matthieu, tu vois, je dis vous, je me mets déjà à parler d'elle à tes sœurs, votre arrière-arrière-grand-mère maternelle Désirée, avec son don à couper le feu.

Il y a de cela trois ans, je vous parle de ce cimetière dans le ghetto juif de Prague, un city trip avec papa, offert par vous à Noël. Pour assouplir mon burn-out, je m'étais détachée de mon travail d'indépendante, cela faisait plus de six mois que j'étais à la maison. Je lisais beaucoup, je me plaignais souvent, mes douleurs fantômes ne me laissaient aucun répit. En déballant votre chèque cadeau, trois jours à Prague, j'avais presque pleuré, mais sans joie. Rien ne m'intéressait d'autre que de rester chez moi, mais vous avez bien fait. Prague en mars m'a préparée au printemps, mon mois de naissance, le mois de mai. Il a fait frais, mais bon de façon générale, on pouvait se couvrir, se découvrir, remettre notre manteau, le retirer, le tenir en bandoulière. Je ne sais pourquoi j'ai d'emblée fait ce choix, voir en premier lieu le cimetière juif, le Ghetto. Moi qui refuse de vous accompagner à Auschwitz depuis tant d'années où vous voulez vous rendre, voilà que je n'ai que ce mot en bouche, le Ghetto juif. On s'y rend. Sans croire en un dieu en particulier, j'entre dans tous les lieux saints. Il y a un côté apaisant, une sorte de cocon protecteur qui me capte dès l'entrée, qui me sépare du monde extérieur, ce monde fou, ici dans ces lieux le calme remplace la foule, le calme remplit un vide en moi. Quelque chose d'impalpable s'installe et ne repart pas avant la sortie dans la rue. C'est comme un vol commis sans que personne ne s'en aperçoive ni ne vous en accuse.

Nous entrons dans le Musée juif, une kippa doit être posée sur la tête des hommes, le silence y règne, je ne sais pas si cela est imposé ou s'impose, on n'entend que le chant hébreu qui nous entoure, les pas des visiteurs, c'est à peine s'il y a des chuchotements. Ils se sont emprisonnés dans la liturgie et si une voix s'élève des bouches rien n'est à comprendre, juste le fait de suivre celui qui vous précède, faire le tour et voir ces milliers de noms en hébreu gravés dans les murs, on ose les toucher, les frôler du regard c'est déjà les froisser, on monte un escalier en colimaçon, un chant rabbin défile, nous fait ralentir, le ton est monocorde, le chant est long, sa voix porte, nos pas ralentissent. Nous entrons dans une petite pièce rectangulaire à peine large on ne peut s'empêcher de se toucher d'un dos à un autre, nous sommes tous des visiteurs. Pour voir, pour entendre ou se taire, ne toucher à rien des mains, les yeux ne s'attardent pas, ils ne se posent pas, ils sont furtifs, rester le regard fixé est comme commettre une faute. Personne ne marque l'arrêt, on se suit, pas à pas, parfois on effleure une épaule surtout pas d'excuses la promiscuité du lieu se passe d'excuses. On se suit derrière des dessins sous des plexiglas. Ce sont des mains d'enfants qui ont tracé leur route, leur rue, leur ciel, la pluie, le soleil, les nuages, leurs jeux, leur maison, le feu, les flammes, des briques tombées d'un toit, leur poupée, leur vélo, une chaussure, parfois à l'horizon des couleurs, un arbre roussi, un champ vert et au-delà de ça une page entière recouverte d'un arc-en-ciel multicolore. Les enfants se sont servis des couleurs qui leur tombaient entre les mains, mais parfois aussi juste du noir et du blanc. Les enfants au crayon noir entre les mains font de lui ce qu'ils veulent, le ciel est-il noir parce qu'il est noir de fumée, ou parce que ce jour-là le ciel est bleu, peint en noir, faute de bleu. Et ces arbres aux branches vides, est-ce l'automne venteux, est-ce l'hiver, est-ce l'été brûlé ?

Nous sortons avec dans les oreilles le chant hébreu, je repars avec les rétines remplies de dessins. Papa dépose sa kippa dans la boîte ad hoc, tout en descendant je remarque un couple avec deux enfants qui se lavent les mains chacun à leur tour dans une sorte de bénitier situé à l'extérieur, je les dévisage, c'est presque présomptueux de ma part de les dévisager de la sorte, mais je n'arrive pas à me décoller d'eux. Papa me dit de passer mon chemin, d'arrêter de les fixer ainsi dans leurs gestes, il faut que j'avance, je n'y arrive pas, c'est le père qui tient la serviette, il a toujours sa kippa. Je finis par continuer mon chemin je dis « je sais », « tu sais quoi ? », « ils s'ablutionnent » C'est une scène sublime, nous n'avons rien fait de ça. Nous ne sommes pas habilités pour cette pratique, il faut du savoir, du savoir-faire et être appris. Nous ne possédons rien de cela. Nos mains restent salies même de n'avoir rien touché sinon la rampe de l'escalier où toutes les autres mains des visiteurs sont passées. On aurait dû nous rendre habiles de nos mains, non ? Matthieu, tu te serais ablutionné ? Et si je te l'avais proposé ? Parce que je crois que si papa ne m'avait pas retenu des mains jusqu'aux coudes je l'aurais fait. Peut-être aurais-tu suivi ou aurais-tu été toi le premier.

Le passage par le cimetière juif est la seule porte de sortie. Je suis déjà affectée par ce que je viens de vivre avec les dessins enfantins, le chant et mes mains souillées. Nous marchons sur du gravier, on peut à nouveau parler, mais nous ne le faisons pas, nos chaussures seules font du bruit. On s'oblige à rester silencieux un moment. Les tombes sont pour moi magnificences, une pierre grise taillée en croix s'aligne sur une autre couchée au sol, des herbes les entourent, la verdure est le seul coloris. Des papillons, des abeilles, des guêpes et des bourdons butinent les maigres fleurs. C'est bientôt le printemps, le soleil se montre, le gris du ciel est déchiré d'éclaircies, des ombres puis de la lumière, puis des ombres encore. « C'est beau », dis-je à papa qui marche derrière moi et ne me répond pas, trop ému, je le vois dans ses yeux. Moi, j'ai besoin de le dire quand l'émotion est une beauté. Les pierres tombales sont visitées ici des millions de fois l'an. Rien ne s'y dépose sinon notre curiosité un peu forcée, car le musée oblige à passer par ici c'est une étape inévitable. Les pierres tombales sont très vieilles, il y en a aussi de l'avant-guerre, certaines penchent si fort qu'elles seraient prêtes à tomber sur celles d'à côté. Combien de temps vont-elles tenir dans cette position ? Puis, quelque chose me vient en tête, je me dis que le sous-sol doit contenir d'énormes racines ici, il n'y a ni arbres ni plantations, juste de l'herbe et quelques fleurs sauvages. Je me dis que ce qui peut faire tenir la dureté de ces pierres ne peut être que l'enchevêtrement des hommes mis en terre. Ils se tiennent, ne se lâchent pas. Nous sortons, je lâche tout, je m'accroupis un moment contre un mur, je sens la gêne de papa, mais tenir debout après cette visite me laisserait comme une statuette, un monument. Je ne suis pas de pierre ni de marbre, je m'écroule en pleurs. Je suis toujours en burn-out, je le répète à papa qui semble gêné des regards des passants. On est en Tchéquie, personne ici ne nous connaît, personne ici ne sait pourquoi je pleure d'ailleurs, personne ne s'arrête sauf papa qui veut me cacher derrière lui. Il veut mon bien, si je veux on peut rentrer à l'hôtel ou on peut rentrer tout court. Non. Je veux rester.

Des échoppes vendent des tas de souvenirs de toutes sortes. Il veut me faire plaisir. Un vendeur a une panoplie de carnets cartonnés. Il sait que j'en ai toujours besoin. Je choisis celui qui m'attire, qui se détache du lot. Sur la première page :

une partie de visage, son iris est noir, de son arcade à son nez un trait noir moucheté de petits points blancs, son front ses joues sont clairs. Je le saisis. Le dessin est signé Franz Kafka. De plus près, les petits points blancs n'en sont pas, c'est de l'écriture à la main celle de l'écrivain lui-même sans doute, écrit en hébreu ça n'en a pas l'air, je crois plutôt à de l'allemand. Dans le carnet, j'ai griffonné quelques phrases, je les ai relues récemment je ne sais même pas si ce sont mes mots, en tout cas c'est mon écriture. Des petites pattes de mouche écrites au crayon noir. Kafka était un solitaire, il n'aimait pas la foule et était de nature dépressive, trois points en commun avec moi.

Toi, Matthieu, tes amis aimaient t'avoir autour d'eux, tu te mêlais facilement à la foule, mais toujours tu voyais le solitaire dans son coin. Vers lui tu t'avançais en toute discrétion il y en a même que tu as sortis de la dépression. Tu as chassé leurs idées noires. Chez nous, tu t'enfermais dans ta chambre, je croyais que tu allais mal ou que c'était moi la source de ton mal, ma déprime dont je ne voyais pas le bout. Il y avait certainement un peu des deux, un enfant ne peut venir en aide à sa mère c'est le contraire qui doit se faire c'est ma logique à moi. J'ai fait au mieux, du mieux que j'ai pu. Quand on éprouve de moins en moins de bons sentiments, c'est difficile d'aider l'autre et peut-être même ses propres enfants. Être en dépression trop longtemps nous fait régresser tellement, en toute discrétion. C'est moi qui me fais toute petite, me tiens couchée, me relève avant que vous ne rentriez de l'école. Ce ne sont pas des siestes, je me retire, mais m'oblige à me relever, revenir, reprendre mon rôle. Souvent, je m'en cache, les yeux mi-clos, vos regards sur moi changent. Vous grandissez. Vous comprenez. Vous voyez bien. Je continue à vouloir venir au secours avec ce qu'il me reste d'élan. Je me lève dans la seconde.

Ma seule façon de vous manifester mon affection résidait dans mes plats, dans vos assiettes, mastiqués dans vos bouches, appréciés par vous, un peu de moi par procuration. Ces derniers temps, c'est tout ce que je pouvais vous donner comme preuve d'être là, si la tablée se raréfiait, votre satiété je m'en assurais. Matthieu, même si tes plats restaient intouchés dans le frigo, tu savais qu'ils t'attendaient pour le lendemain, pour moi ça ne changeait rien le moment où tu pouvais l'apprécier avec ou sans moi le midi en guise de petit déjeuner ou après minuit en rentrant. Te dresser la table le soir avant de me coucher, la ranger le lendemain propre ou sale ne me dérangeait pas non plus. Les conflits entre nous n'existaient plus. Aujourd'hui, je m'attends à ce que tu te lèves de ton lit, de ta tombe, j'arrose tes plantes, je change l'eau de tes bouquets, c'est comme vérifier que rien ne manque comme on ouvre la porte d'un frigo, faire la liste de ce qui va manquer, jeter les avariés, faire le bilan de ce qu'il reste. J'essaie de maintenir un certain équilibre, d'y mettre du mien en me servant de certains éléments comme le feu qui éclate par le frottement sur le côté de la boîte d'allumettes, l'eau que je fais couler dans les jerricans, les souffles d'air dans les arbres dans mes cheveux qui me font dire que nos ancêtres nous gardent la terre qui t'entoure, le terreau que je remplace, un plant, une racine de potiron que je plante au fond de notre jardin chaque jour. J'en fais le tour, ma petite visite.

Le sevrage

Dès le premier soir après ta disparition, je perds mon rituel : l'ingestion de mon lait chaud avant le coucher. C'est comme un dernier biberon. Je n'ai pas été allaitée, c'est peut-être pour ça, un jour une connaissance m'en a fait la réflexion. Peut-être est-ce cette étape par laquelle je ne suis pas passée et que mon corps réclame toujours. Pour tes sœurs, j'y ai mis toute ma volonté. Pour ton aînée, j'étais jeune, vingt-trois ans, très jeune maman sans expérience, on me demandait à la maternité : «Voulue ou pas?».

«Voulue, oui bien sûr», une année, voire plus d'attente, pour nous jeunes parents ça nous paraissait une évidence, notre petit appartement, notre travail respectif, l'envie d'accueillir notre premier enfant. Jeune maman, oui c'est vrai, mais dans la chambre commune où je me trouvais, nous avions le même âge : deux jeunes mamans. Son lait à elle coulait à flots, le mien peinait à venir. La sage-femme veut m'apprendre, pince un de mes mamelons pour que ta sœur puisse le saisir. «Je vous montre comment faire», «Vous me faites mal», «Ça demande un peu de souffrance fillette», ce furent ses mots. De jeune maman, je suis passée fillette. Je n'avais aucune expérience pour mettre ta sœur au sein, mais je le voulais, je désirais que ça marche. Des crevasses sont apparues. Un sein uniquement sert à la nourrir, d'un seul côté, celui du côté de la tenture qui me sépare de l'autre maman, le droit. Ma poitrine commence à gonfler, mais une partie s'engorge, ta sœur tire mal parce que je me tiens mal, je la tiens mal, je ne sais pas m'y prendre : voilà les mots décourageants qui me sont adressés. Je saigne, on me tend un onguent à base de cortisone à appliquer trois fois sur la journée, ta sœur pleure, tire sur ce qu'il reste de l'autre côté. La montée ne se fait pas comme elle devrait, le sevrage s'écourte, je ne sais pas poursuivre. Le goutte-à-goutte fatigue ta sœur. Le jour d'après, la « sage-femme », que je trouve sans sagesse et dotée de beaucoup de maladresse, me tend trente millilitres de lait artificiel dans un biberon. Mes hormones chutent, je ne fais que pleurer après les visites, seule avec elle dans les bras. J'accepte tous les breuvages que l'on me donne pour nourrir ta sœur. Je veux qu'elle soit rassasiée. Elle perd les dix pour cent que tout enfant perd habituellement de son poids de naissance. C'est une perte due à son effort pour s'alimenter et à l'effort fourni par le corps du nourrisson pour s'acclimater. Elle perd tout ça en dehors de moi. À l'époque, on commence à parler du « peau à peau », mais c'est encore vague. L'enfant peut pleurer seul sans qu'on se précipite sur lui. Je prends ta sœur dès qu'elle commence son premier gémissement. Je la tiens contre moi, elle s'endort. Son poids ne descend plus, il se maintient. L'énergie circule entre nous, elle se chauffe à moi, je l'enveloppe dans un essuie à capuche, elle ne dort plus dans sa cuvette en plastique sur roulettes roses (roses pour les filles, bleues pour les garçons), elle dort avec moi dans mon lit d'hôpital, je me place au bord, elle est au milieu, derrière elle j'enroule un autre essuie dans son dos, je la cale. Je lui donne de mauvaises habitudes, paroles de sages-femmes, paroles d'infirmières de maternité. Je sors au bout de cinq jours, ma crevasse refermée, ma poitrine à sec, des seins de fillette, de trop jeune mère. Ma voisine ne sait que faire de son lait en abondance, je pleure de ne pas être à sa place, même âge, premier enfant, une fille aussi, pendue au sein, l'un puis l'autre, un tire-lait en bruit de fond, sa petite née le même jour que ta sœur collée à sa peau toute la journée, toute la nuit. La petite hurle dans sa cuvette transparente, la jeune mère plaintive déjà épuisée et moi qui ne désire que sa place.

Matthieu, tu es le seul à t'acharner sur moi pour te grandir, tu ne perds pas un gramme, tu t'enveloppes. Mon corps a fait une première expérience, il veut sa revanche, mon corps c'est moi qui m'en sers cette fois. Ta demande et mon offrande sont au diapason, moi et toi sur la même longueur d'onde. À ta sortie, tu me sautes dessus, tu vas sans que personne ne te montre le chemin. Tu ne reçois pas avant une demi-année un gramme de poudre déshydratée. Nous devons nous sevrer l'un de l'autre brutalement. Ni toi ni moi ne le voulons. Je dois choisir entre deux contrats, signer un papier qui assure un emploi stable ou la gratuité de ce que la nature offre naturellement. Je choisis de signer en bas de la page, deux signatures en somme, mon entrée dans une MRS (NDA Maison de repos et de soins) et ton inscription à la crèche.

Pour ta cadette, je suis prête, j'ai acquis par toi cette assurance, mais elle chipote, dit la sage-femme. Ta petite sœur cherche, mais ne trouve pas toujours sa satisfaction, elle reçoit des compléments. Elle a les deux, une moitié de moi, une moitié tétine, perd ses dix pour cent malgré son bonnet sur la tête, ses chaussettes sur les mains, sa couverture par-dessus et l'absence de bain les premières quarante-huit heures. Le gain énergétique à la pointe n'empêche pas sa chute pondérale. On augmente ses compléments, je les refuse, la mets au sein, à trente ans je ne suis plus si jeune, je sais m'y prendre. C'est toi qui m'as appris le mieux, Matthieu. La nuit, avant la sortie de ta petite sœur de la maternité, elle jaunit. Nous devons retarder notre départ, elle est mise à mes côtés sous des lampes chauffantes, passe une nuit entière à pleurer, toute la nuit je reste debout, je ne peux la sortir de son banc solaire, toute cette nuit-là je la caresse, lui parle, la touche. Elle pleure quand je m'éloigne, se tait quand elle me sent sur elle. Je passe une nuit entre tétées, biberons, peau à peau, avec une partie de mes bras sous des néons. On sort le lendemain, elle n'a perdu aucune calorie, au contraire, sa courbe est montée de deux cents grammes. À la maison, elle continue de pleurer, je l'allaite, elle prend peu de poids. Je me fatigue plus vite, ta petite sœur réclame, je dois la complémenter, elle refuse, je la mets au sein, elle me refuse. Une fièvre de plus de quarante degrés nous emmène de nuit aux urgences pédiatriques. On détecte une infection rénale le lendemain, un examen confirme une duplication de ses deux uretères, petits tuyaux qui se rejoignent dans un seul rein. Ta sœur est sous antibiotiques, un petit cathéter veineux dans sa main pour les recevoir, on sonde sa petite vessie, mon allaitement est compromis, la jeune pédiatre me demande de continuer, ta sœur doit se battre pour reprendre des forces, mais je suis forcée d'arrêter, mes seins se vident peu à peu au tire-lait puis ne contiennent plus aucun nutriment. Je veux quand même relancer la montée une fois l'hospitalisation terminée. Je veux essayer, mes hormones sont encore actives, je tente. Ta sœur continue de venir au sein, mais sa facilité à recevoir le lait au biberon lui suffit, elle me veut contre elle, que le haut de mon corps, dévêtu, la peau de ma poitrine contre sa joue pendant le biberon.

Dans certains pays d'Afrique, les nourrissons vont au sein sans recommandations. C'est leur seule ressource pour certains, mais aussi un instinct chez eux incarné comme chez leur mère, ils savent d'avance, l'expérience n'est plus à faire. C'est inscrit quelque part. Ils n'ont rien à apprendre, comme du reste pour l'expression de leur corps, ils dansent sans savoir marcher, s'ils marchent c'est en dansant, s'ils ne veulent pas marcher on les tire du sol, quand ils ne peuvent pas encore marcher ils sont sur le dos de leur mère, eux-mêmes prennent la poitrine de leur mère, penchent la tête empruntent le sein sans demander. Ils disposent et elles travaillent en allaitant ou alors elles perdent cette conscience d'allaiter. Ils sont emmenés sur le lieu du travail, nourris pendant les tâches à effectuer, ils se penchent sur les côtés en écartant le foulard qui les entoure, restent attachés, ballottés, leur tête bringuebale, c'est une danse, les mères chantent, les couleurs qu'elles portent sont vives, leurs sandales piétinent, se traînent dans la poussière du sol jaune rouge, leurs yeux, leurs cheveux, leur peau sont noirs. Ces trois coloris représentent le drapeau de notre pays. J'aurais voulu naître africaine, posséder cette connaissance.

De mon lieu de naissance je ne connais que le nom de l'établissement, aujourd'hui démoli, je ne connais ni mon poids ni ma taille. Comme vous, j'ai mis du temps à venir. Ma mère dit n'avoir jamais eu de lait. On lui a dit qu'elle n'en possédait pas. Ce n'est pas vrai, chaque femme a ce don. Elle a cru ce qu'on lui disait. Elle a suivi sans instinct, c'est une époque où les nouveau-nés sont placés derrière des plexiglas dans une autre pièce, parfois à la nursery. Je ne sais rien de ma position exacte, si je suis face à elle derrière une de ces vitres ou plus loin dans un couloir. Si je pleure ou pas à ce moment-là. Je saurai plus tard que je ne réclamais pas au retour à la maison, ni le jour ni la nuit. Pour me nourrir, il fallait m'éveiller. Elle n'a pas eu de lait, est-ce que ça m'a manqué ? Au fond, je ne ressens pas cela, je veux dire que ce n'est pas dans ma tête et que je n'ai aucun reproche, juste ce besoin d'un lait chaud réchauffé au micro-ondes, la saison n'a aucune importance je bois aux quatre saisons même sous une canicule, avant le coucher, c'est devenu une habitude là où je me trouve, c'est une étape par laquelle je dois passer, je pense aux vacances d'été, à une nuitée, à un week-end en dehors de chez nous. Ce n'est pas un caprice, c'est un rituel d'enfant prolongé dans la femme adulte que je suis. Avant chaque coucher, je bois lentement mon lait, blottie dans mon fauteuil comme un nourrisson dans des bras invisibles et, avant chaque nuit, je me couche comme un fœtus qui n'a pas encore besoin de lait.

Aussi loin que je me souvienne, mon sommeil tarde à venir. Des nuits blanches, j'en passe, je lis avant d'éteindre la lumière, je chante dans ma tête, susurre sous mes draps pour ne pas réveiller ma sœur, je reprends les chants de mon chansonnier de catéchisme, je bruisse les couplets dans ma tête sur le côté les jambes repliées, je suis en boule. J'y crois encore au sauveur. Je n'ai que onze ans. Un poêle au gaz, l'hiver, réchauffe notre chambre, il sépare le lit de ma sœur du mien. Elle s'endort plus vite, mes yeux restent ouverts à observer les oriflammes bleutées, je crains l'incendie, je me réjouis au printemps quand on l'éteint. La nuit, j'entends le moindre craquement, le vent souffler dehors, la pluie tomber, mon père qui est le dernier à aller se coucher, je perçois dans le mur à la tête du lit un effritement de la brique derrière le plafonnage recouvert de tapis. C'est un léger écroulement, la maison a de l'âge, s'effrite, les murs bougent, c'est comme le bois, ça continue de travailler une fois placé. Je veille une partie de la nuit, je regarde les heures fluorescentes sur les aiguilles de mon réveil à piles. Aussi loin que je peux creuser, je n'ai pas six ans, je ne peux pas lire encore, je regarde juste les images puis éteins la lumière, je descends de mon lit, traverse le petit couloir de moquette, les escaliers en sont recouverts aussi, le bruit de mes pas est inaudible, je n'arrive pas à dormir, mais je dois aller dormir, je n'y arrive pas et si je ne remonte pas je serai punie, punie de ne pas savoir m'endormir seule. J'ai soif, ce n'est pas possible, j'ai bu avant de monter, je dois retourner me coucher. Par la fenêtre, étendue dans mon lit, je ne vois rien, mes tentures cachent le ciel, je me force à fermer les yeux, je n'ai pas de chanson connue pour me bercer, je ne mets pas mon pouce dans la bouche, je ne connais qu'une seule prière que ma grand-mère m'a apprise et que je dois après elle répéter pour m'aider à me fatiguer par moi-même. Je commence, je fais comme elle m'a dit, les mains jointes collées sur mon nez et ma bouche. Je vous salue Marie, pleine de grâce, vous êtes bénie entre toutes les femmes... Je dois souvent recommencer, car je mélange encore. Je vous salue Marie, mère de Dieu... Je recommence, je vais rentrer en première, je vais devoir la savoir par cœur. Je vais essayer de dormir à l'heure de notre mort, avant le amen, je la répète jusqu'à ce que je bâille aussi loin que je me souvienne. Ainsi soit-il, mon sommeil survient.

J'ai commencé mes somnifères après ma première grande fatigue physique et psychique, je frôle alors les vingt-sept ans. La nuit, je me lève pour faire le ménage, mon corps ne se détend que dans l'intranquillité. Mon esprit ne trouve pas le repos. Toi, tu ne vas pas encore à l'école, tu es toujours en crèche, tu y es à temps plein. Moi aussi, je suis à temps plein, tu bois encore ton biberon avant le coucher, seul, en regardant ton petit dessin animé, puis je te monte, tu ne pleurniches pas beaucoup, juste un peu et tu t'endors facilement. Il te faut ta petite lumière, ta petite musique, le pyjama de papa, tu ne te l'enroules pas encore autour du cou, tu enfouis ton nez dedans, tu en recouvres une partie de ton visage. Il est rare que tu t'éveilles la nuit, s'il t'arrive de le faire tu le fais en silence. Vous ne vous éveillez que fiévreux ou avec une perte de tétine, d'odeurs sur un bout de tissu ou d'une lampe de chevet que j'ai éteinte trop tôt, un mobile projetant des dessins lumineux au plafond qui vient de s'éteindre.

Le premier jour où je reviens du funérarium, je ne me sépare pas de mon habitude. Je fais instinctivement ce geste, je remplis mon mug, le réchauffe une minute trente, c'est un acte qui ne me demande pas de réfléchir, si je le désire ou pas, si j'ai besoin de ce lait ou pas. Je suis déjà douchée, tout le monde est couché, nous sommes quatre, tu manques, mais nous nous couchons comme l'avant-veille, nous étions quatre aussi, mais tu allais revenir. Il faut sans doute du temps au corps pour se déshabituer de ses réflexes. Je bois une ou deux gorgées, je n'ai plus le même goût en bouche, je sens l'odeur du lait, son odeur est pareille, j'ouvre la brique ouverte dans le frigo, elle est pareille, le lait n'a pas tourné ici, il n'a pas le temps, le litre est journalier, dans les cafés dans mon accoutumance du soir. Je recrache dans l'évier la troisième gorgée. C'est la nausée qui me force à ne pas le boire. Mon obstination me fait monter avec mon mug encore plein, je le dépose sur la table de nuit, je le vide le lendemain dans l'évier, mets mon haut-le-cœur sur le compte de ton décès.

Le deuxième soir, longue journée de condoléances, je recommence la manœuvre de la veille, je veux refaire un essai, mais le dégoût est absolu. Le lait ne se fait plus nécessité pour me préparer pour la nuit, le rejet est si brutal que je me sens repoussée, je ne suis pas prête à arrêter mon propre allaitement, celui qui m'apaisait maintenant se refuse à moi. Je suis sous-dosée, en perte d'autonomie sans mon lait, comme toi j'ai besoin de ce lait que ma bouche expulse. Dans le café, je n'éprouve pas la même sensation, cette envie de rendre. J'essaie par deux fois de boire du lait, je n'essaie plus, j'arrête là, on me dit « ça va te revenir ». Je demande « qu'est-ce qui va me revenir ? ». On me dit « l'envie ».

Ton envie à toi, je l'ai coupée trop brutalement, c'est un traumatisme un de tes premiers, tu pleures dans mes jambes, tu vas avoir trois ans, tu continues jusqu'à ton entrée en primaire. Quand j'allaite ta sœur, tu veux que je t'y remette aussi, c'est faisable dans la nature des choses, mais c'est une place que je ne sais plus te donner. C'est sa petite malformation au rein qui déclenche l'arrêt définitif, ses deux petits cours d'eau se croisent, ils tombent sur une même embouchure. Elle n'arrive pas à boire à mon sein, comme si avant déjà elle avalait en une seule fois tout de travers. Plus tard, avec la maturité, tout se résorbera. Je ne sais pas si tout en elle a repris le bon trajet, je ne sais pas, on n'a plus fait suivre. Elle ne s'en est plus plainte. Est-ce que les étapes du sevrage pour tes sœurs ont eu le même impact ? Couper un allaitement, par ailleurs bref, a-t-il été pour elles encore plus violent ?

Elles n'ont pas été préparées, moi non plus. Aujourd'hui, ta grande sœur de vingt-trois ans, l'âge de ma première maternité, veut poursuivre ses études au-delà de son diplôme d'histoire. Elle est passionnée par le passé, par tout ce qui nous précède. Elle redémarre en septembre sur ta voie, celle que peut-être tu devais emprunter, la politique tu t'y es toujours intéressé. Elle fera un cursus en anglais, deux années en une. Aide-la comme tu le peux, guide-la, elle ne te trouve pas, donne-lui tes mots pour qu'elle parle à ta place. Des enfants, elle n'en veut pas, elle n'aura pas de lait. Elle en boit peu, elle est plus thé. Je la crois quand elle décide ou planifie. Elle, son histoire, c'est l'antérieur, son futur métier, c'est faire revivre le passé, lui donner toujours une renaissance. Elle veut le monde, le voir, le contourner, l'épier, l'archiver. L'Asie pour commencer. Elle a en elle déjà une bibliothèque. Raconter des histoires oui, mais pas aux enfants aux hommes aux femmes, leur faire connaître le passé. Tu es, Matthieu, la suite, pour parler politiquement correct. Donne-lui du sens dans les idées futures. C'est une carrière qu'elle veut, l'enfant c'est l'avenir aussi, me dit-elle souvent, il y en a beaucoup trop et de la patience elle n'en a pas pour eux. Elle avance, elle avance dans les grandes villes surpeuplées, solitaire, elle veut avancer. Se servir de son corps pour la procréation, non. Elle l'utilise autrement, médite, pratique le yoga, perfectionne ses traits qui sont déjà très bien, elle commence à se sevrer de nous, revient à nous quand elle le désire, repart quand elle le veut, va et vient, se détache, retourne à sa source familiale, garde le lien, son point de chute notre maison, sa chambre et tout ce qui s'y trouve, se nourrit de tout cela, garde une certaine accoutumance.

Celle qui te suit veut enseigner, elle te relaie à sa manière, en septembre entraîner, coacher des plus petits était ton nouveau projet. Éduquer d'autres enfants est inné chez elle. Son désir, c'est d'avoir deux enfants, un c'est trop peu, trois c'est trop. C'est l'accident. Elle n'est pas un accident. Je me demande si elle y pense, qui de vous deux dans son esprit est accidenté ?

Elle quitte souvent le domicile dans la journée, rejoint ses amis sur la place communale, joue au billard, fait une partie de kicker, emprunte une trottinette électrique, se mêle facilement à la communauté. En passant en voiture, on voit combien ce lieu est peuplé par la jeunesse. Celle-ci ne vient pas que de notre ville, la place est devenue un point névralgique où se mêlent progestérone et testostérone, un tourbillon d'hormones. Je les observe de mon véhicule, de loin, c'est un tableau vivant, on ne peut le capturer entièrement, une tribu en pleine activité. Les vacances les séparent un moment, leurs retrouvailles sont pleines de réjouissances. Dehors, les jeunes peuvent faire tomber les masques, sous la pluie ils restent, se capuchonnent, s'abritent sous l'immense entrée du café-théâtre. Ils sont comme ces acteurs de rue, des films en plein air, le spectacle continue sans interruption.

De ta sœur jaillit chaque jour une part d'élan, cette petite poussée qui fait aller de l'avant. Ses réveils sont tardifs, ses nuits sont-elles écourtées? Dans ses sommeils tu viens, elle m'en fait part. Tu es son attrape-rêves, je lui en ai acheté un, il est suspendu à son Velux tissé bleu roi, plumé bleu roi, la plume bleue est le moyen de communication avec son ange gardien. Tu la gardes endormie plus longtemps, elle ne s'éveille que tard dans la matinée. Elle se veut auprès de toi spirituellement. C'est sa croyance, l'univers, les astres, la lune, tout ce qui l'entoure prend autour d'elle de la dimension. Un souffle dans le saule, un vol d'oiseau, une victoire footballistique, un rayon de soleil qui passe entre deux nuées, une photo d'un arc-en-ciel qu'elle capte sur son portable et elle devine présages, pressent. Elle ne prie pas, elle croit. Elle recule d'un pas, c'est pour admirer, elle s'arrête, c'est pour contempler. Elle est dupliquée depuis toute petite, se dédouble pour autrui, s'il le faut elle est à la fois la mère et l'enfant, à la fois la grande sœur et pourtant née la dernière. Nourrie à moi au goutte à goutte, elle n'y a pas trouvé son compte, cette petite malformation qui lui prend sa force à la naissance, une doublure en elle va nous séparer, mais va aussi nous rapprocher, c'est une relation entre nous à double sens, dans nos reins tout se bloque.

Passer de cinq à quatre personnes sous un toit quand celui en moins est un enfant, ce n'est pas un deuil, ce mot ne signifie rien pour moi. Faire son deuil, laisser, accepter, préparer un départ sans retour, cela ne signifie rien encore pour moi. C'est une tâche à laquelle je ne me prête pas. Rester quatre enlève des habitudes, des rites. Nous mangeons dans l'arrière-cuisine qu'on surnomme toujours salle de jeux. Elle en est débarrassée depuis des années déjà, mais elle garde cette signification, elle nous fait office de lieu de repas. Les meubles neufs de la cuisine sont à peine déballés de quelques mois d'une grange transformée en boutique. On ne s'est pas consultés avant, je ne sais plus qui de nous quatre s'installe en premier sur la table bistro, nous sommes obligés de nous rapprocher, rapprocher les assiettes et les couverts nous fait nous serrer, même nous donner des coups de coude. On est près du jardin, nous le regardons autrement en mangeant. Papa ralentit sa déglutition, on déguste plus lentement. Je prépare peu, on nous apporte avec générosité, sinon je vais au plus vite, réchauffe ou fais bouillir, le plus jusqu'à présent a été de casser des œufs, cuire des pâtes. Je ne rissole rien d'autre que des restes de pâtes, je suis en panne, les filles comprennent, d'autres jours moins. « Ça va te revenir », me dit-on. On ne me dit pas « l'envie », on rajoute « tu n'as pas le choix ». Pour l'instant, nous n'avons pas choisi nos places, chacun sans se raviser s'assied là où il y a de la place. Dans la vraie cuisine, ta place, Matthieu, est vide. Je dis qu'elle est disponible, on peut s'y installer, j'autorise qui le désire à y prendre place. Elle reste vide.

L'autre jour, nous étions six, ton parrain et ta cousine un midi, en installant du pain et du fromage, je les invite à se joindre à nous, aucun d'eux ne prend ta place, seule ton aînée arrivée en dernier n'en a pas eu le choix. Le réflexe de tirer vers elle la chaise a interrompu ce que nous faisions, à peine une fraction de seconde, son geste s'est arrêté simultanément aux nôtres, personne n'ose avaler ce qu'il a dans la bouche. D'un de nous repart l'élan, qui de nous je ne sais plus, cela peut venir de nous tous en même temps. Elle s'est assise à ta place, nous avons repris le cours du repas. Je n'ai pas eu de nausées, j'ai même mangé plus, j'en ai eu plus qu'assez.

Comme nous, les choses prennent place chez nous, nous sommes dépendants d'elles et elles ont leur propre usage au sein d'une famille. Comme nous, elles ne se remplacent pas. S'en défaire comme nous habituer à ton absence, nous n'y sommes pas préparés. « Vous allez devoir y venir », nous dit-on. « En venir à quoi ? » « À devoir vous en passer. » Nous sommes assis, bancals, papa et moi, pour nous rééquilibrer, nous partons à la mer une nuit, deux jours. Tout ici est familier à ta présence passée, nous logeons dans un endroit que tu ne connaissais pas, mais dont nous t'avions parlé. Nous y étions déjà allés quelques mois plus tôt avec ta jeune sœur et ton cousin, six mois les séparent, un lien les unit, peut-être l'âge rapproché, peut-être leur fièvre ; pour lui, une bactérie sanguine à sa naissance, pour ta sœur, un bouillon de culture deux mois avant qu'elle ne naisse. Tous les deux sensibles au monde qui les entoure. L'un va vers l'autre, toujours dans un sens. Un qui allume le feu, l'autre qui continue de faire bouillir la marmite, c'est ainsi qu'ils restent collés à leur GSM tard dans la soirée, parfois au milieu de la nuit un GSM vibre, l'autre ne répond qu'au matin, une main est restée posée sur lui toute la nuit.

Le trajet le plus difficile pour moi est le passage par la digue. En quinze années, peu de choses ont changé, tu fais toujours partie de nos passages incessants avec ton vélo, ta trottinette, sur toutes ces années tu auras parcouru des kilomètres. Les jeunes enfants que j'observe, je te revois en eux. Toutes mes émotions remontent, je tente de retenir mes larmes avec le soleil dans mes yeux, j'entends ta voix, je te vois aller venir pendant que nous nous promenons, disparaître dans les dunes, tous ces gosses autour de nous grouillent autour de leurs parents. Parfois, l'un d'entre eux s'arrête sur moi, on se regarde. Leurs yeux sont les mêmes que les tiens, alors qu'ils n'ont pas la même couleur. Les tiens étaient bleus. Mais c'est la même profondeur de regard. S'attarder dans leur regard est comme addictif. Pour ne pas en dépendre, au plus vite, il faut passer outre. C'est là que les lunettes de soleil introuvables deviennent nécessaires parce que je dois tourner la tête du côté opposé à celle de ton père pour ne pas m'effondrer. Regarder la mer, toute cette eau tourmentée me calme aussitôt. Là tout de suite, je pourrais me poser à même le sable et vider mes yeux une bonne fois pour toutes. Une montée de larmes c'est comme une montée de lait, c'est comme une marée qui va et vient.

Sur la route du retour, nous quittons progressivement la côte. L'arrière-pays offre un horizon de prés et de champs, il s'étend sur plusieurs vingtaines de kilomètres et clôture notre séjour. Toutes ces dernières années, où déjà tu dors à l'arrière de la voiture, sevré d'iode, assagi par les kilomètres que tu as parcourus, reposé, ton teint hâlé, je me retourne et tes cheveux poussent, tu as douze ans, une longue mèche tombe sur une de tes paupières closes. Là, seuls à l'avant ton père et moi sommes plongés dans le silence, la nostalgie envahit l'air de l'habitacle, aucun mot ne sort de nos bouches, nous ne parlons pas. Comme à son habitude, papa branche le GPS, la route ne lui est jamais certaine, il hésite toujours. Sur ma droite, mon attention se jette sur un cerisier, je sais qu'il en est un, car je connais ces techniques différentes pour recueillir les fruits sans que ceux-ci soient mangés par les oiseaux. Celle que découvre, je ne la connais pas, presque à chaque branche un sac de plastique blanc est pendu. Ils sont prêts à recevoir. Ils me font penser à des dizaines et des dizaines de pis qui vont bientôt se remplir.

Il y a de cela une heure, nous quittions le musée Delvaux, je suis rentrée dans l'Antiquité comme on arrive dans un monde parallèle. J'ai encore devant les yeux toutes ces femmes nues aux poitrines généreuses, des revenantes, des déesses réincarnées, ressorties tout droit d'un rêve. Dans la tête d'un homme, elles se sont gravées comme dans la mienne, pour lui aussi elles sont réelles, bien que déjà disparues de la Grèce depuis longtemps. Il doit s'être endormi fiévreux, à son réveil ses mains se sont incendiées ; enflammé, son pinceau peint des corps de déesses avec du feu plein la tête. Elles doivent lui avoir fait perdre la raison. Il doit être devenu le sujet, assis, et elles ses maîtresses couchées à l'entrée des temples. Une seule d'entre elles est toute proche de lui, debout en avant de sa toile, c'est elle qui est peinte la première ou ça doit être elle, une main tendue vers lui dormant encore, il doit avoir été dans l'au-delà, pour revenir brûlant ainsi, perlé de sueur. De la sagesse nocturne à la dureté de revenir dans le monde et la peur de ce monde à venir. De Grèce, la nuit, il n'est pas revenu, elles ont pris sa place, divines, sacrées et maternelles.

Dans cette dernière boucle qui met fin à notre journée, toutes encore m'entourent. Je me sens comprise, prête à tout. Je vais dans l'inconnu et pour une fois il ne me fait plus peur, même la peur de la route, ma hantise depuis longtemps, commence à s'atténuer. Le musée défile dans mes pensées, je ne contrôle pas la vitesse kilométrique de ton père, ma tête est dans les nuages, ils sont un mélange d'instabilité, au loin une noirceur au-dessus de nous, un mélange de gris et de blanc, les rayons du soleil entre les deux coloris s'obstinent à percer.

Au musée, une pièce est réservée à Chantal Grard, fille de Georges Grard, sculpteur où la nudité est totale. Ce sont essentiellement des femmes aux formes généreuses, une seule est drapée à l'insu de l'artiste. La raison de l'époque est d'ordre déontologique. Il la suit. Il accepte de la recouvrir. Je ne sais pourquoi, en admirant l'œuvre de sa fille, je ne peux m'empêcher de voir partout dans ses travaux cette matière organique et inerte, la pièce en est pleine. Entre elles, il faut se faufiler pour ne pas les toucher, un faux pas et tout pourrait se briser, on ne peut les toucher, mais une envie soudaine m'en brûle les doigts. Ici, on ne peut rien toucher des mains, je ne sais pas si passer entre les œuvres est autorisé, mais je le fais quand même. Tout ici est un désossement comme si elle avait voulu ôter toutes les chairs sur le marbre sculpté des mains de son père, voir à l'intérieur, l'explorer. Je vois des coccyx, des sacrums, des bassins creux, prêts à se rendre fertiles ou rester dans une profonde stérilité. Mon dos, le bas, me fait toujours aussi mal. Aucun banc dans cette salle n'est prévu pour s'y installer, la place non plus, toutes les esquisses emplissent le lieu. Je suis bloquée. Le seul bois est celui qui se loge dans chaque partie que je prends pour de la carcasse. Je cherche la guide pour avoir des précisions sur mon interprétation. Suis-je la seule à voir ce que je vois ? Je ne la trouve plus. Elle se disait à ma disposition. Le mal sur toute ma ceinture me submerge. Dehors, une pluie battante nous fait nous installer dans le restaurant accolé au musée. Entre deux éclaircies, nous décidons de prendre le chemin du retour, mes douleurs au lever de ma chaise me courbent. Peu à peu, je me redresse en marchant, peu à peu je reprends ma taille initiale, mon squelette petit à petit se déroule, se désendolorit, mais je continue de boiter, je claudique jusqu'à la voiture. Je suis entre les deux œuvres, entre la chair et les os.

Matthieu, je me décompose. Cela me permet-il de me rapprocher de toi ? Tu as pris racine dans mon bassin comme ce bois qui se faufile dans ces architectures aux allures de plâtre et de crépis. Ma ceinture lombaire se creuse, pour un peu les pourtours se toucheraient. Le moule, celui qui t'a contenu, se souvient-il de tes formes ? Après neuf mois de grossesse, la matrice revient à sa forme initiale, retrouve une souplesse, se referme, cicatrise.

J-5. L'impalpable vient la dilater par surprise, la tromper, elle se contracte trop vite, son travail s'écourte, tout autour d'elle se crispe : mes muscles, mes ligaments. Mon utérus reste clos sur une béance ; un corps volatil qui disparaît. Je ne saigne pas, aucune perte. Mon dos ne s'en remet plus, il ne cesse de faire pression, mes muscles mes ligaments font tout pour l'aider. Couchée, je le soulage, mes muscles, mes ligaments se décontractent.

En nageant, je le soulage, mes muscles, mes ligaments se recontractent.

C'est leur travail de soutien, c'est un appui sur lequel mon dos peut se reposer. Ce bois qui perce toutes ces sculptures est-il du cartilage perdu dans un chantier en cours ?

La ceinture

Une kinésiste analytique met son doigt sur un point douloureux, le manipule avec douceur et remonte le long de ma colonne. À dire vrai, elle vient de plus haut, des cervicales, des dorsales, au final des nœuds se sont formés sur toute la longueur. La base de mon bassin, mon socle de soutien, est tendue au maximum. Ce sont mes muscles abdominaux qui se tordent, je suis scindée par eux, la kiné m'explique qu'ils ont enflammé un muscle fessier, le piriforme. C'est un art de voir, de sentir cela, sans même faire une radiographie, c'est l'art du dos. Je repose sur cette ceinture, elle fait le pourtour, me cercle, mes jambes restent actives. C'est une coupure entre la partie haute et basse qui me constitue, mes bras aussi restent mobiles. Rester trop longtemps assise est insupportable. Il me faut bouger, même si mes premiers pas du salon à la cuisine réduisent ma taille. Après un certain temps, je suis de nouveau droite. Comme depuis plusieurs semaines, peu à peu je me délie. J'ai l'air d'une vieille alors que je ne veux que redevenir enfant, me mettre à leur niveau en tout. Un bref moment, je me dis que je le suis encore cet enfant, une courbature ne dure que le temps de me redresser.

L'inspecteur venu le matin même avec C., l'assistante sociale, ne nous annonce rien que nous ne savions déjà, il suit le protocole. Ses premiers mots sont tranchants: tu n'étais pas ceinturé. Il ne nous apprend rien. « Déceinturé » est dans toutes les bouches, celle du fantôme qui conduisait en premier, il te l'a répété plusieurs fois, cinq fois je crois retenir de la bouche de l'inspecteur.

– Non, il ment.
– C'est ce qu'il a affirmé.
– Non, il vous ment.
– C'est sa déclaration.
– C'est une déclaration pour tenter de se disculper, diminuer ses peurs, c'est sa déclaration. Il n'est pas nécessaire de demander cinq fois à Matthieu de se boucler en voiture. Il s'arrête sur son obstination, un fantôme reste un fantôme pour moi, ce qu'il fait, c'est passer le plus inaperçu possible.
– Fantôme ?
– Oui, c'est ainsi que je vois le conducteur, il est pour moi transparent.

Matthieu, tu le suis, confiant sur son âge, vingt-cinq ans même plus. Cela lui fait six années en plus que toi, un adulte responsable, enseignant, éducateur, coach. Tu veux l'être aussi, il te fait miroir ce soir-là. En l'accompagnant, tu te vois en lui. Pour toi, c'est ta première année en septembre, ses traces tu veux les suivre. Méfiant, tu dois l'être, mais pas pour toi, pour sa sécurité. Tu te mets à ses côtés. Il est ivre. Son trousseau de clés reste tremblant dans des mains hésitantes. Les alcootests vont devenir ici une condition pour que les conducteurs récupèrent leur véhicule. La procédure n'est pas encore mise en vigueur. Tu arrives trop tôt et c'est trop tard. Il n'en est pas à sa première ivresse au volant, à sa première grande vitesse non plus. Il a déjà été verbalisé une fois. Ce qui ne te concerne pas, me dit-on. Je regarde le sol du salon, inerte, mes deux amies posent une main sur mes épaules, me soutiennent, m'empêchent de bouger, tentent de me calmer, je commence à perdre patience, mes genoux tremblent, mes pieds tapotent le parquet, mon corps démarre à vouloir accélérer mais je suis maintenue, alors je dis en redressant la tête : « il l'a tué ». On me répète que tu es déceinturé. Je répète qu'il t'a tué.

L'inspecteur se tait. Répéter doit le fatiguer, la nuit a été blanche. Je lui signale que je demande toujours à mes passagers de se ceinturer, s'ils ne le font pas je ne démarre pas. J'ajoute que sous l'emprise de l'alcool je ne prends pas le volant. Il reste muet. Déceinturé, je lui dis, peut-être, mais assassiné. Il ne me regarde plus. Après un bref silence, il me tend ce qui contient nos derniers messages, ceux de tes amis, ceux de Dari, ta vie intime, il me rend ta voix enfermée. L'écran de ton portable est fendu, mais il l'était déjà. Tu l'avais dans les mains quand l'hymne italien passait. Où donc a-t-il fini pour se maintenir sans plus de dégâts? Est-ce avant le demi-tour, celui qui est derrière toi a-t-il tenu l'orchestration, lui qui est clipsé, lui dont je ne sais rien, lui que je ne vois pas sauf une silhouette immobile comme celle assise dans une vitrine de magasin. Il est vêtu de noir, est-il vêtu de sombre, à peine un tee-shirt et un jeans comme toi? Est-ce le mannequin en plastique qui tenait ton portable? Même si je voulais le savoir, et ce n'est pas le cas, rien ne change en moi, tu es le centre du guet-apens, à la place du mort. Tu nous envoies ton message avant. Le demi-tour se fait dans la rapidité, l'accident se produit au cours du deuxième voyage. Il y a deux coupables. Il y a plusieurs tentatives de mise à mort après la tienne. Ce sont les seules qui ne touchent pas ma sensibilité. Je pense juste à leurs parents, à leur famille et particulièrement leur mère. Une rencontre est possible, elle ne peut se faire qu'organisée, car les réactions de chaque côté peuvent être imprévisibles. Elle est proposée prématurément après l'accident, puis quelques jours après, puis quinze jours après. Pour nous, c'est tôt. Pour papa, inenvisageable. Pour moi, pas nécessaire. Je ne les vois pas. Ils n'existent pas. Une médiatrice qui assure les rencontres entre les familles, la nôtre et l'adverse, insiste pour une entrevue. Son ton m'exaspère. Est-il possible que mon mari et moi revenions sur notre refus? C'est son travail, dit-elle. Nous restons catégoriques.

– Une vie a été mise en danger, dit-elle, c'est une deuxième tentative.

– Quelle vie?

– L.

– Pas de nom de famille ?
– L., c'est déjà bien trop.
– Il reste tenté.
– Tenté de quoi ?
– De rester en vie.

À l'autre bout du fil, c'est le blanc, puis :

– L., sa famille veulent vraiment vous rencontrer.

Je lui demande si je suis coupable.

– Non.
– J'en ai pourtant l'impression, j'ai l'impression d'être sur le banc des accusés. Une seule chose pourrait assouplir ma tristesse.
– Oui ?
– Vous êtes là aussi pour faire passer un message ?
– Oui, lequel ?
– Sa présence au procès.
– Il n'y est pas obligé.
– Alors, à quoi rime cette rencontre ?
– C'est un droit, sa présence au tribunal n'est pas une nécessité.
– À quoi rime alors cette rencontre ?
– Vous donner sa version.
– La version sera écrite noir sur blanc et nous sera transmise dans six à huit mois par des experts en chair et en os, non ? Des experts, des professionnels non ?

À l'autre bout du fil, à nouveau le blanc. Je le romps.

– En quoi notre présence serait-elle utile si une des parties manque ?
– Le sort.
– Je le connais : pas de retrait de permis. Pas de peine d'emprisonnement. Une maigre indemnité pour nous, les « affectés »,

nos filles et nous. Mon fils n'étant plus, il ne vaut plus un euro. La perte d'une vie ne se chiffre pas. Elle est donc nulle.

– Mais vous n'en savez rien.

– Votre service médian doit être mal renseigné alors.

À l'autre bout du fil : le blanc. Je le romps à nouveau.

– Chère Madame, faites-nous savoir, puisque tel est votre rôle, de maintenir le contact entre les familles, si L. change d'avis sur sa présence au tribunal, il me ferait le plus grand bien en tant que mère. Je fais la promesse, et je vais m'y tenir, sachez-le, Madame, je sais que je ne peux m'adresser à L. lui-même, mais uniquement au Procureur du Roi. Mon regard ne se posera pas sur lui, ni sur ceux qui l'entourent. Ma colère se tourne vers moi et uniquement vers moi chaque jour. Je ne me fais pas juge. C'est du ressort de la justice. Ce que je vais dire, je ne le sais pas, mais elle se portera sur ma perte, c'est la seule chose sur laquelle on ne pourra m'interrompre. Et si le temps m'est compté, il n'y aura pas de blanc. Je pense que tout est dit.

– Je pense aussi.

– Au revoir Madame.

– Au revoir Madame.

Matthieu, tu as entre dix et onze ans. Nous partons à Pâques sur l'île natale de tes grands-parents paternels. Papa est né ici sur le sol belge. Le sicilien, il ne le pratique qu'avec les siens, ceux qui sont nés là-bas, ceux qui sont nés avant lui ici. Avec vous, tes sœurs et toi, il n'utilise pas ce langage. C'est un patois, ce n'est pas de l'italien. C'est un barrage linguistique entre lui et vous. Au fil du temps et des années, je connais le fond des conversations, mais parfois le sens m'échappe. Vous, vous ne vous y attardez jamais, uniquement le français. Pour toi, Matthieu, dans les fêtes de famille, tu dis que tu ne comprends rien au patois, mais les cousins et les oncles te parlent avec leurs mains et te le traduisent avec leur corps, tu sembles les comprendre sans pouvoir reformuler la traduction.

Nous partons une semaine dans le village de vos ancêtres. Il est perché en haut d'une colline, c'est le printemps tout est fleuri, la beauté devant moi est à couper le souffle. Les mimosas sont en fleurs. Les arbres fruitiers ont commencé leur floraison. Sur les oliviers, les formes des fruits apparaissent. De petites grappes ovales, elles sont encore non comestibles et de couleur verdâtre. Tout ici est à profusion, à portée de main. Le long des chemins, une sorte d'asperge se cueille sans compter. Elle se cuit facilement. Ici, même les plus âgés vivant seuls jardinent, troquent, soignent un voisin de palier, lavent leurs pieds, font couler dans chaque œil une goutte ophtalmique, font leurs courses. L'eau courante est sur les toits quand l'eau du robinet vient à manquer. Pour s'en procurer, il faut monter à pied les escaliers, les immeubles même les plus récents sont sans ascenseurs. Il faut remplir des jerricans et les redescendre. Jamais je n'ai vu se plaindre la tante de papa. Elle avoisine les septante-huit ans. Je sais seulement qu'elle s'allonge souvent. L'âge des habitants ici est difficile à chiffrer, entre septante-cinq et quatre-vingts ans, la pension est dérisoire. Pour continuer à survivre, il faut cultiver sa parcelle, échanger la viande de ses bêtes, les œufs de ses poules, presser l'huile d'olive est devenu une tâche trop fatigante, les plus jeunes le font bien que leur âge varie entre cinquante et soixante ans; les plus chanceux possèdent une maison perchée plus haut encore sur la colline, eux la nomment « la campagne ». Ils possèdent une maison de brique, petite mais tout confort, un feu extérieur à bois peut nourrir des familles entières. Un jour, je vois un jeune homme chevaucher un étalon, il passe devant nous, le cavalier lui donne un coup dans les reins et monte un sentier escarpé et très pierreux. À tout moment, je crains que le cheval et lui ne dégringolent, mais il semble que chaque jour il passe par ici attelé à sa bête qui le véhicule. Mes yeux veulent se rassasier, ils vont de droite à gauche, je photographie tout ce que je peux sans aucun tirage sinon celui de ma mémoire absolue, capable de se remémorer toutes les vues captées, même les sons je les entends toujours: les sabots, le crépitement des braises, les freinages dans les rues, les clochers des églises, les klaxons incessants, l'eau qui bout dans la casserole, le dialecte qui s'enfuit, l'italien qui le remplace. La nuit ici tombe d'un coup. D'en haut, on peut apercevoir les villages voisins. Ce sont des petits îlots étoilés, de petites planètes. Ce qui peut nous apparaître proche est à une heure de route. Pour y accéder, les tournants et les petites routes sont les seuls chemins.

La nuit, nous les touristes de passage, il vaut mieux rester là où nous nous trouvons, rester à l'agritourisme dans le bas de la vallée et regarder de l'immense balcon la colline illuminée de petites scories, la lune est pleine, le calme nocturne, les bruits d'insectes qui gravissent à la vitesse de l'éclair les murs, ces petits lézards inoffensifs qui nous font pousser de petits vagissements animaliers. Les autochtones eux empruntent les routes les yeux fermés, dans l'obscurité la plus totale, seuls les phares de leur automobile tracent leur chemin, ils le suivent c'est tout, ils suivent. Nous serions dangereux pour eux si nous nous aventurions dans le noir. Ce n'est qu'une fois le jour levé que nous pouvons visiter les alentours, filer quelques kilomètres, nous mêler à leur rapidité, nous n'avons pas le choix. Il le faut. La lumière du jour ne change rien, la vitesse est constante. On vous double, quel que soit l'endroit, les tournants ne sont pas des freins. J'en ai le tournis, papa me donne l'impression de n'avoir pas quitté toutes ces années de jeunesse avec ses grands-parents *ù paesi*, en sicilien ; en français, « le village », les deux mois durant, juillet et août, sous le soleil de Sicile. Sa rudesse au lever, sa rigueur à midi jusqu'au crépuscule, sa moiteur indélébile tout l'été jusqu'à ce que le train couchette ne les ramènent vers la Suisse où l'air devient plus doux, plus nostalgique aussi. Papa me le raconte à la vitesse des tournants, me distrait un moment, j'en oublie mes nausées.

Pour lui, se mettre dans le rythme se fait au bout de deux jours naturellement. Il manie le volant et pour une fois je ne me sens pas dans l'insécurité. Nous sommes collés à l'avant comme à l'arrière, les pare-chocs ne se touchent pas, la vitesse ne se calcule plus, elle suit son cours. Les trottoirs sont rares ou inexistants et cela non plus n'est pas un souci. Les voitures, les gens se mêlent, jeunes moins jeunes, les vieux sont assis sur les bancs contre les rambardes, leur canne entre les jambes, leurs bras sur l'appui du bâton. Ils discutent, regardent le flot incessant des va-et-vient des voitures, des passants, la poussière du sol se soulève, se frotte au bas de leur pantalon noir, dans leur costume deux pièces ils sont apprêtés. On dirait qu'ici à cette heure de l'après-midi la rencontre et la discussion sont un cérémonial. Nous sommes dans un village voisin de celui de ton grand-père, le nom je l'ai oublié, les rues les églises la petite place les bancs les boutiques sont eux intacts. Ils ont dans ma tête encore leur emplacement. Sur mon passage, les vieillards assis sur les bancs stoppent leurs discussions vrombissantes. Je suis pour eux un nouveau décor. Quelques mètres plus loin, après mon avancée, je fais je crois l'objet d'une nouvelle discussion. Ils parlent plus bas, on dirait qu'ils le font pour signifier le respect, celui d'une visiteuse parmi eux. Je suis pour eux une mélodie nouvelle, un petit ralentissement dans leur brouhaha. Ici, les paroles se font aussi sans lenteur, c'est moi qui les freine. Un maroquinier dans une ruelle s'attelle à la confection d'une ceinture en cuir. On s'arrête tous, le marchand relève la tête, nous fait signe de venir à lui. La boutique de quelques mètres carrés nous oblige à rentrer les uns derrière les autres, l'odeur de la matière se fait sentir sur le pas de la porte. Papa veut s'en offrir une, toi Matthieu tu n'en veux pas, tu préfères laisser tomber ton pantalon, faire apparaître l'élastique de tes caleçons. Le prix est hors de prix. Le ceinturier flaire les touristes en nous. Nous sommes ici hors saison, repérés à des mètres à la ronde. Nous ne sommes pas des habitués de la vie quotidienne et ordinaire. On tourne en rond, on cherche où aller, ça se repère très vite, nous sommes de suite ciblés. Papa utilise son dialecte, le vendeur est scotché. Ici, le sicilien se fait rare. Seuls les anciens l'utilisent encore. Comment est-ce possible pour lui d'entendre parler comme le fait ton père ? Le vendeur est pris d'une joie comme si devant lui était apparu un saint ou quelqu'un revenu d'outre-tombe. Il diminue son prix au-delà même de celui que papa propose. Il emballe la ceinture dans un papier qui porte l'emblème de la maison. Ce n'est pas un simple papier cadeau, celui qui recouvre un souvenir ou *un ricordo*, mais *un ricurardi*. L'homme nous raccompagne, toujours enjoué, à la main il tient son poinçonneur, de l'autre il nous fait de grands signes. Il sait que c'est un adieu, je me retourne avant de quitter la petite venelle, le maroquinier se tient debout, une main levée comme un drapeau, dans l'autre ce qui lui reste de son patrimoine : sa pince à trouer le cuir. Je me sentirais presque d'ici, retenue sans avoir à me sentir forcée de rester.

Tu es sous la terre depuis une semaine, peut-être moins, je reprends mes habitudes ménagères comme si rien ne s'était passé, je monte une manne de linge repassé, dispose vos vêtements, il y a toujours ta pile, c'est la dernière que je repasse, que je place sur notre lit, c'est toujours sur le nôtre que je fais le tri. Ensuite, celui de tes sœurs, je le dépose sur l'escalier qui mène à l'étage au-dessus du tien, du nôtre. Ta chambre colle à la nôtre. Elles ne changent pas non plus leurs habitudes. Elles enjambent, montent deux marches pour ne pas se prendre les pieds dans les vêtements prêts et repliés. Ton lit reste inchangé. Il est toujours recouvert de tes draps, pour moi c'est la seule odeur qu'il me reste, celle que contient aussi ta garde-robe, des vêtements portés une fois ou deux par toi se superposent. Seules les piles que je dépose sentent la Soupline et la lessive. J'ai rangé tes slips et tes chaussettes, ce sont les seules choses que je replace dans les tiroirs de ta commode au même endroit. Je ne sais pas si c'est leur place ou s'il est préférable de les mêler au reste. C'est le désordre, tout traîne et pourtant c'est la première fois que je trouve ta chambre en ordre. Papa prend le relais, je redescends, il range nos deux piles à nous. En rapportant la manne de linge sale de la salle de bains, il me dit :

– Tu as enfin retrouvé le petit morceau de ma ceinture ?

Je ne sais pas de quoi il veut me parler. Le mot « ceinture », je voudrais l'oublier.

– Le bout de cuir, celui que Matthieu avait perdu.

J'avais oublié, je confonds. Il me parle de son bout de cuir perdu avec toi. Ça me revient, je fais maintenant le parallèle avec ce petit égarement de cuir qui date. Je lui dis que cela me semble si vague et si lointain, il me l'avait dit c'est plus que possible, je n'ai plus de souvenir sauf à cet instant où il me le rappelle. Il me le tend en effet, ça me dit quelque chose, oui ça me revient maintenant, votre querelle à ce sujet je vois plus nettement. Matthieu, tu nies en bloc, tu n'as rien à voir avec cette petite attache, d'ailleurs tu ne passes pas la ceinture dans le passant juste dans la boucle à quoi ça sert ? Papa la retrouve sur son oreiller à lui, pas le mien, pas le tien, ni dans le fond d'une armoire, ni tombée par hasard d'une boîte, ni découverte en ouvrant un tiroir pour chercher je ne sais quoi, ni même trouvée en soulevant un objet ou en cherchant quelque part dans un recoin. Non. Elle est dans notre chambre sur l'oreiller de ton père, placée comme un petit mot d'excuse, une demande écrite sur un bout de papier déchiré, un petit rappel sur un post-it. Pour nous, c'est une certitude, tu es rentré sans rien froisser, pas dans ta chambre mais dans la nôtre, rapporter cette petite sangle arrondie qui ne t'a pas servi. Le cuir tendu, la boucle brillante, le poinçon fait à ta taille par papa te suffisait pour le Nouvel An je crois ou pour Noël je ne sais plus, sur ton pantalon de costume elle terminait ta tenue. Juste le temps qu'il faut, une heure ou deux, puis la laisser traîner sur une chaise chez des amis, vous fêtez cela ensuite chez Dari, vous continuez de fêter dans sa famille. C'était une des deux fêtes, elles sont si proches l'une de l'autre. C'était avant que l'année se termine, c'était il y a trois ans je crois. As-tu tiré trop fort sur la boucle ou s'est-elle détachée sur toi ? Non, impossible avec cette qualité de cuir sinon il se serait fendu, il est entier, encore neuf et intact, son odeur vient de cette petite boutique en Sicile, elle l'a conservée, je la respire. Par où et comment es-tu parvenu ? Tu es de retour, la petite sangle est bien revenue chez nous.

Quelques jours plus tard, je m'éveille doucement, avec mon somnifère je peux dormir six heures, le temps pendant lequel je ne rêve pas ou, s'il m'arrive de le faire, je ne sais plus ce qu'il en est. Je sommeille encore, mes membres sont engourdis, mes bras mes jambes, il faut que je patiente pour qu'eux s'éveillent. Mes yeux sont clos, le battant ouvert de la fenêtre me fait entendre les bruits des moteurs qui passent dans la rue, la vie humaine s'éveille, se met en mouvement, c'est l'aube il est six heures. J'ai peine à ouvrir les paupières mes yeux se collent encore à ma nuit je voudrais qu'elle se prolonge chaque jour un peu plus. M'éveiller, c'est me rappeler que nous sommes quatre et non plus cinq. M'éveiller, c'est ne plus savoir ce qui me retient, même si nous sommes toujours quatre. Je pense que, pour me sortir de ce lit, il me faudrait juste entendre de ta bouche que tu as besoin de moi.

– Maman ?

– Matthieu ?

Tu es dans mon dos penché sur mon oreille droite je suis face à papa qui dort toujours.

– Que fais-tu là ?

Je n'ose pas me retourner. Je ne sais pas si le fait de te voir si nettement en me retournant ne m'achèverait pas dans l'instant. J'attends ta réponse. Doucement, tu me souffles, parce que c'est bien ton souffle que je sens, pas le froid qui vient par la fenêtre.

– Je voulais te dire, maman, tu sais j'avais mis ma ceinture.

Je réveille ton père, le secoue, je lui dis :

– Il l'avait !

Je le secoue encore plus fort tant que tu es là, pour lui prouver que tu viens bien de me le dire, que j'étais bien là prête à pouvoir me lever. Papa s'éveille.

– Il avait quoi ?

– Sa ceinture ! Il vient de me le dire.

Je crois que ton père s'emmêle les pinceaux. De quelle ceinture je parle? Celle de l'accident? Non. Il pense que c'est ce petit bout de cuir perdu, retrouvé là où reposait sa tête mais c'est celle qui maintenait ta ceinture abdominale, la bande noire entre tes pectoraux. Je te crois Matthieu. Papa aussi. Nous te croyons.

C'est trop tard, tu es reparti. Ton père a toujours cru en toi, en ce que tu voulais entreprendre, rien à voir avec tes objets perdus laissés à la traîne. Je ne t'ai pas toujours suivie. Tu ne te lançais pas, toujours retenu par la peur de mal faire, de décevoir, je te disais d'au moins essayer, «Vas-y au lieu de rester à rien, tu te mets toutes ces barrières, tous ces freins». Combien de fois je t'ai dit: «Fonce» «Bon Dieu fonce!»

La piscine

On peut à nouveau faire du sport, plus rapprochés. Tu veux t'y remettre pour éliminer les kilos installés ces derniers mois. Tu prépares ton corps pour la rentrée. Coach sportif, ta prochaine réorientation et aussi ton ancienne, tu l'avais laissée de côté. Tu es déjà égaré à ton arrivée à l'université, en politique, mais les cours n'ont pas lieu longtemps. Ils sont en distanciel, tu ne suis pas, ne comprends rien, n'aimes pas, détestes tout. Tu aurais voulu tout de suite rentrer dans le vif du sujet actuel, pas le début ni le commencement, ce que les États européens prônent, là maintenant, pourquoi et comment, tout changer, recommencer sur des bases, lesquelles ? Ils baratinent depuis des décennies. Tu ne savais pas qu'il fallait d'abord apprendre à se taire avant de parler. Ton nouvel ordinateur est flambant neuf, il devient inutile, car tu ne poursuis pas le cursus, tu t'imaginais vraiment autre chose. Tu le refermes.

Tu t'imaginais vraiment tout autre chose. Il n'y a qu'un cours, deux au plus qui t'intéressent, les autres du blabla. Je t'avais prévenu. Je connaissais ton potentiel, mais les études dans ce domaine se donnent mot à mot. Il faut les mémoriser telles qu'elles sont, n'en changer aucune virgule, ni le sens, il faut emprunter cette direction. Tu ne t'y feras pas. Je t'avais prévenu. T'inscrire sur une liste électorale à la ville est possible, tu as atteint la majorité légale. Libre à toi de le faire, tu n'oses pas. À table, je le dis, quel gâchis de voir, de savoir tout ce que tu vois et sais et de le garder enfermé. Retenir des tonnes sur du papier n'est pas infaisable pour toi, je sais que tu le pourrais, mais tu n'étudies que ce qui t'intéresse, ce qui te brûle, dans ta tête se mettent en place des solutions pour faire avancer les choses, faire bouger une petite partie du monde qui t'entoure. Ce qui t'intéresse, c'est ta ville. Ton père en face de toi au dîner te dit que la politique locale est déjà mise en œuvre et qu'ainsi il faut la suivre.

Aujourd'hui, je ne vous vois plus débattre, je ne m'y connais pas sur vos sujets, mais avec tes paroles j'aurais voté pour toi en tant qu'homme qui a des revendications sociales et non pour toi le fils. Tu trônes. J'ai envie de te dire que les études ne servent à rien, mais mon rôle de parent te pousse à obtenir un bout de papier signé et daté. Matthieu, tu es un chef de file notoire, nous t'aurions tous accompagné. Je tente comme je le peux de mettre par écrit, c'est la seule trace que je peux laisser pour toi. L'idée du jour : « Les riches s'enrichissent et vont mourir, les pauvres s'appauvrissent et meurent, au milieu il y a nous la classe moyenne qui s'effondre. » C'est vrai que deux salaires moyens deviennent insuffisants dans un couple avec des enfants, une activité complémentaire devient une nécessité. Elle est mixte, soit c'est l'homme le père, soit la mère qui se dévoue pour garder la tête hors de l'eau. Toi tu ne veux pas travailler du tout. Tu sais comment faire du blé, comment le faire fructifier, rentier c'est ce que tu vas devenir par la suite. Tu vas te lancer dans la vie professionnelle uniquement comme moyen de te forger une place. Je te le souhaite. Tu nous dis que l'argent faut le faire bouger c'est tout. Je ne veux pas que tu le fasses malhonnêtement. Tu me dis que c'est possible sans toucher personne, sans blesser personne. Il faut redistribuer autrement. Je ne te suis plus vraiment tellement je te vois fulminer. Tu fumes comme un geyser, tu brûles comme un volcan. Tu veux du luxe pour tout le monde, pour tes sœurs, tes potes, de l'or qui tombe du ciel sur la tête de ceux couchés sur le trottoir aux marches d'une église, tu veux leur laisser ouvertes les portes des banques la nuit, les sas d'entrée des immeubles. Tu te lèves du bout de la table où nous soupons, je te vois écarter les bras comme ce prophète qui coupe la mer en deux pour sauver tout un peuple. Tu veux voler de tes propres ailes sans voler de tes propres mains. L'argent ne se touche plus, il faut le faire fructifier : parier, pronostiquer, se mettre en ligne sur la bourse. Un monde de riches, tout à profusion et ne faire qu'en profiter. Je ne te suis plus même si je plonge dans tout ce que tu déclares.

Tu te lances à l'eau, je te vois faire tes longueurs. En fait, non, je te vois t'immerger sous l'eau et en ressortir cinquante mètres plus loin, tu mets moins d'une minute. Je brasse vers toi deux couloirs plus loin, tu repars sous l'eau, tu fais dix longueurs, je peine à la troisième, ma nuque se tord, je garde la tête hors de l'eau, j'ai peur de la profondeur, je crains de ne pas pouvoir tenir mon apnée. Je sens qu'avec elle je pourrais disparaître. Toi, tu vas et viens, tu contrôles ta respiration, tu continues de fumer, tu vas de plus en plus vite. Au bout d'un mois, je me retrouve seule avec nos deux abonnements de piscine. Tu n'y vas plus, ne m'accompagnes plus. Je prends le relais. Je respire de la même manière comme quand je courais aujourd'hui, je ne sais plus, mes articulations ne supportent plus ma course. Je ne vois plus si bien, je risque de tomber, de faire une mauvaise chute, de me retrouver plâtrée, une jambe, un bras cassé. Je me force à aller nager deux fois par semaine. Nager ce que je sais, la brasse, ce que j'ai appris très jeune rien d'autre. Un souvenir me revient, sur le dos je flottais facilement, je m'y essaie ça marche encore. Je ne suis plus un enfant, mais me plonger dans l'enfance, rester petite. Je fais la planche en battant des jambes, les bras je les laisse le long du corps, après deux longueurs je m'essouffle. Une nageuse plus âgée que moi me conseille des palmes si je veux continuer à nager sur le dos. Elle me tend les siennes, nous avons à peu près la même pointure. Je trace en moins de trois minutes un aller-retour, un cent mètres. J'ai des crampes dans les cuisses, les mollets, elle me dit que je suis trop rapide, d'aller à mon rythme, je lui dis que je suis à mon rythme ; toutes deux je crois que nous nous comprenons, on rigole, on nage à la même vitesse. La reprise, c'est ça le plus dur elle me lance, elle revient un jour sur deux pour se remettre dans le bain, se remettre à niveau. En sortant, je m'achète des palmes dans un magasin de sport, je me rends à la piscine une semaine entière, après quoi je ne sais plus me bouger. Je laisse passer quelques jours puis y retourne trois à quatre fois par semaine, trente longueurs sur une heure et puis je reviens à la maison.

Matthieu, je te vois de moins en moins. Tu aides Nicolo, tu travailles la semaine avec lui, finis tes journées chez lui. Je travaille très tôt le matin, fais le ménage, puis nage nage rentre reprends les soins du soir, reviens passé vingt heures, je me couche, m'endors, tu vas rentrer je dors déjà. On ne fait plus que se croiser. Je ne sais lequel de nous deux manque à l'autre en premier. Une semaine avant ne plus jamais se voir, on s'écrit, s'envoie des textos. Je t'envoie le premier de suite, tu réponds. On se manquait. On se retrouve même si cela ne se fait que par messages.

La piscine reste distancielle, comme on peut on garde son couloir, on se fait des signes de main, de tête, il y a peu je te revois encore, tu relèves ton menton pour me signifier que tu vas te rhabiller. À la sortie, tu es assis sur le banc, tes cheveux mouillés sur le visage, tu as fumé, tu sens la cigarette, je n'y fais aucune allusion.

Tu nages vite, mais je te rattrape, si ça continue je suis à ta hauteur, d'un seul coup tu t'éclipses je ne te vois plus dans l'eau. Ce n'était pas une compétition de ma part, c'était juste une preuve que je voulais rester près de toi. Mais, il est vrai, c'est une habitude que nous n'avons pas. En dix-huit ans, oui, c'est la seule activité en commun qui restera entre nous. La première, tu ne sais plus, tu avais six mois quand elle s'est interrompue, tu n'es pas sans le savoir d'ailleurs, à chaque fois je le répète à toi, à quiconque, c'est le seul qui m'a tout pris, en voulant parler de nourriture. « Pendu à mes seins », c'est encore quelque chose qui te faisait rire ou rougir, qui mettait de la couleur entre nous et sur toutes les joues.

Ma nage s'améliore. Soixante secondes à peine pour cinquante mètres. Cent vingt secondes pour cent mètres. Mille deux cents secondes par kilomètre. Par heure, j'avance à trois kilomètres-heure. Je me trouve trop lente. Papa me dit de ne pas comparer la course à la nage. Il y a trois ans, je faisais environ huit kilomètres-heure. Faire avancer un corps uniquement en bougeant les bras et les jambes est une performance, c'est une catégorie différente, elle implique d'autres membres, les bras, la ceinture abdominale, une grande partie des muscles, presque le corps entier. Je me perfectionne. Je veux aller encore plus vite, mais je suis limitée, j'atteins mon maximum. Le sport aquatique me fait oublier mon corps, malgré toute la mobilisation qu'il demande. Moi qui souffre presque de partout, j'en sors requinquée. J'en arrive à mettre ma maladie entre parenthèses, je ne suis pas fibro dans l'eau. Je ne suis même pas une femme dans l'eau, je suis plate comme une carpe, je deviens un poisson. Est-il possible de se transformer ainsi, et possible de se guérir sur une heure de temps ? Je n'ai plus peur des plus de trois mètres sous moi ni des compétiteurs qui me frôlent, ni de leur tasse d'eau chlorée que je reçois la bouche ouverte, ni d'avoir les yeux embués. Au plafond, je repère les conduits, je sais où j'en suis, j'évalue les distances à effectuer, déjà effectuées. Quand le soleil de la baie m'éblouit, je tends mon bras au maximum, mes doigts s'agrippent au mur, je me retourne face à la lumière, comme une grenouille je fléchis les genoux, tends les jambes, je ne fais aucun arrêt. Je cours à plat sur l'eau, je n'ai plus pied déjà, mes jambes des gouvernails, mes bras des hélices, ils tournent comme les ailes d'un moulin à vent. J'avance sur l'eau, je cours sur le dos, j'offre à mon corps une heure de détente, je le navigue.

Pour me repérer dans les années, j'ai besoin d'une autre année, celle de la mort d'un proche ou de quelqu'un de connu. C'est l'année de fin d'Amy Winehouse en 2011. Nous sommes en Italie près de Venise, nous logeons dans un hôtel pour une dizaine de jours, on apprend sa mort sur la plage. Elle meurt par excès d'alcool précédé d'une longue période d'abstinence. Son corps réclame. Elle le contente jusqu'à l'overdose. Elle meurt dix ans plus âgée que toi, le même mois que toi. En 2001 l'année de ta naissance sa première maquette est enregistrée. Elle débute pour un maigre salaire, trois ans plus tard elle devient connue mondialement. Sa débauche et sa consommation ne démolissent pas sa voix. Elle naît douée. Elle l'utilise en détruisant tous les barrages devant elle, l'autorité parentale, l'autorité tout court. Elle fait dépression sur dépression. Elle finit par ne plus revenir, elle y retourne définitivement. *Back to black*, retour en dépression. Elle meurt jeune, dépasse l'ivresse, tombe noyée. Elle est retrouvée dans l'abus, son corps lui fait sa demande, elle l'euthanasie tellement il lui fait mal. Il se sépare d'elle, sa voix est sur toutes les ondes, son âme flotte autour de nous.

Aucun d'entre vous, ni toi Matthieu, la connaissiez, sauf papa. Ce n'est pas son genre de musique, mais quand même ça le touche. Moi, je pense à elle tout au long de cette journée, ses écorchures vocales me font frissonner. Je suis peinée de sa fin tragique, mais elle pendait sur toutes les langues, elle était prédite. Pas la tienne, Matthieu.

Si je ne recourais pas abusivement à des médicaments pour tenter de calmer aujourd'hui ma douleur, je mourrais de toi. Je les surdose tous, sauf ce qui doit me nourrir, je grignote cela suffit pour remplir mon petit viscère, ma petite poche, c'est peut-être elle ma petite orange. Parfois, le jour, mais surtout toutes les nuits pour t'oublier, je dois hypnotiser ma conscience, les benzodiazépines y contribuent. Je perds tout contrôle. Je dors six heures, pour moi une très bonne moyenne et un laps de temps qui me reconduit au trou noir. Seules les siestes de l'après-midi sont mouvementées, je te sens autour de moi, tu vis toujours, je me réveille en sursaut et tout le contraire se produit, tu t'es de nouveau enfui.

Je me dépense trop et donc réduis mes séances au bassin de natation à deux fois ou trois fois maximum par semaine, les longueurs aussi je les diminue de dix. J'y suis obligée pour stabiliser mon poids.

Les veines de mes bras sont saillantes, elles sont gorgées et quand je les palpe elles rebondissent. Ma prise de sang est bonne, je suis sans carences. Pour prélever le liquide rouge, il n'est presque pas nécessaire de serrer le garrot, il s'écoule sans peu de pression, mes vaisseaux sont des carrefours, le cathéter s'y infiltre sans mal, le chemin pour lui est fluide comme de l'eau de roche. On peut m'apercevoir sous ma peau. Mes côtes ressortent, mes clavicules sont rehaussées, seuls deux petits muscles sur le haut de mes bras ressortent maintenant. Je les montre avec assurance: « Regardez, je me suis musclée à certains endroits là. » Une petite forme ronde de chaque côté de mes bras se soulève: deux deltoïdes. Je suis bien maintenue, mes os bien soutenus. Je reste à trois kilomètres-heure, mais je fais mes vingt longueurs sur trente minutes, je diminue juste de moitié la distance parcourue. Je pourrais aller plus vite, doubler mes trajets, mais je ne le fais pas car je maigrirais davantage et devrais réduire encore mes séances, ça je ne le veux pas. Je quitte cette terre dans l'eau, il n'y a qu'ainsi que je peux quitter ce monde. Une heure trente par semaine au moins, sur vingt-quatre heures ou dans ma tête il n'y en a qu'une, celle de ton retour.

Je ne somnole plus malgré les anxiolytiques. J'ai doublé mes prises. Si j'en saute une par oubli, des tremblements et une bradycardie viennent alerter mon corps. Il monte la garde, il me veut calme, il se veut tranquille. Il m'arrive de prendre deux cachets d'un coup, un seul ne ralentit pas mes secousses je m'agite beaucoup avant que l'effet ne survienne. Étonnamment, ma vigilance ne me quitte pas, mais je dois la contrôler doublement, tout vérifier doublement. Je suis au-delà de la prudence si je dois effectuer une tâche routinière, d'abord je dois la planifier, ensuite je m'y lance. J'anticipe les risques d'échec, je les évalue et si ceux-ci sont trop élevés, si je me sens trop vulnérable, je reporte ou je vais me coucher. Je n'ouvre pas la porte aux imprévus ou oublie ce qui était prévu. Je note tout au calendrier. Je retiens ce qui m'est essentiel. Je ne retiens pas l'inutile. « Tu te respectes », dit mon entourage. Je dis plutôt que je fais avec ce qui me reste d'aptitude. Je dois continuer à vivre, c'est une phrase qui me revient souvent. Je dis que je vais au-delà. Je survis, c'est plus dur que vivre. Je ne respecte pas ma vie – ni donc moi-même –, vie dans laquelle je reste coincée, parce que je le suis. Je ne peux quitter ce monde de mon plein gré, mais je ne crains pas l'opportunité d'être confrontée à une maladie. Mourir n'est pas une peur pour moi, cela ne date pas de toi, Matthieu. C'est souffrir avant de mourir qui m'effraie.

Une seule chose dans ce chaos me rassure, c'est de savoir que tu es parti subitement. Tu as dû sentir les prémisses, les premiers coups, lesquels je ne les connais pas encore ils sont dans les mains de la justice et nous sommes pleins de doutes. Ce que nous savons c'est qu'attendre les premiers soins, tenter de parler quand le véhicule se retourne et tape le sol, tu n'as pas eu besoin de le faire. Tu meurs vite. Un coup sur ton crâne. Les policiers disent « le coup fatal ». C'est le meilleur moment dans ce cataclysme, ta mort subite la meilleure chose entendue dans les faits. Nous n'avons pas ton père ou moi à devoir décider de te maintenir en vie quelques heures ou quelques jours. Nous n'avons pas à te voir mourir à petit feu de tes séquelles. Donner de toi, nous nous serions mis d'accord assez rapidement. Des parts de toi qui vivent ailleurs dans d'autres corps. Je ne le regrette pas. Tu aurais souffert sur la route pendant le transport à l'hôpital, on t'aurait fait attendre pour préparer les receveurs. Donner de ton vivant sans machinerie qui t'entoure c'est aussi un choix. Tu le fais jusqu'à ta dernière seconde. Tu fais ton choix.

Il s'appelle L. avec « s » ou sans je ne sais pas. Ça ne change rien. Il signifie « Lumière ». Couché sur lui, il se fait ombre, il se fait noir. C'est toi qui empruntes son éclat. C'est un bon choix, Matthieu. T'agripper à lui est le seul chemin qu'il te reste à emprunter.

Depuis près de douze ans, je suis des mourants et la seule chose vers laquelle ils se tournent s'ils peuvent la trouver c'est une fenêtre, une porte entrouverte qui éclaire un couloir, un halo imaginaire qu'eux seuls aperçoivent dans le coin de la pièce où ils se trouvent. T'es-tu senti mourir ou as-tu vu la mort en face ? Tu es un jeune mort. Chaque jour, on meurt un peu plus. C'est l'âge avancé qui fait de nous des « mourants ». Alors, t'es-tu senti partir, est-ce que ça fait mal, je veux dire psychiquement, dans la tête, ou bien une fois face à la mort, un seul pas suffit-il ? Tu tombes ébloui. Les mourants se tournent vers la lumière. Ceux qui meurent précipitamment, comme toi, tombent dessus.

L'année 2011 est la plus lumineuse qui m'apparaisse. Une canicule s'abat sur la plage d'Italie, un bus nous emmène dans un centre aquatique situé à quelques kilomètres pour vous divertir et nous rafraîchir. Des toboggans tombent à pic. C'est une horrible scène de voir ces corps jetés de tout leur long dans cette attraction. Je crois que tu la tentes derrière mon dos, avec tes cheveux mi-longs et ta taille tu dépasses le métrage autorisé. Je fais avec ta sœur cadette un parcours bouées dans une mini-rivière sauvage. À presque cinq ans, nous sommes plus limités. Je ne me sens bien que dans les jeux d'enfants. À cette époque-là, l'eau et moi ne sommes pas réconciliées. Je vais où j'ai pied, je garde ta sœur tout l'après-midi. Ce n'est qu'une pause au bar le midi qui me fait la lâcher. Derrière nous, le paysage est tout droit sorti d'un rêve, une reconstitution d'une plage dans une immense piscine une fausse mer une fausse plage.

Toutes les demi-heures, les vagues se mettent à voguer. Dans un micro, une voix annonce l'attraction. Tout le monde se jette à l'eau. Ta sœur est près de moi, elle fait le tour d'un petit pont planté dans l'eau. L'eau m'arrive aux chevilles. Elle en fait le tour plusieurs fois, je suis donc rassurée. De loin, elle est reconnaissable, ses cheveux sont tirés en nattes africaines réalisées par une Sénégalaise sur la plage où chaque jour nous nous rendons. L'attraction se termine, l'eau se calme. Je la perds de vue. Je fais le tour du petit pont plusieurs fois, une panique m'envahit, car je m'enfonce sous le pont, la profondeur y est beaucoup plus grande, on ne voit pas au travers de l'eau, le sable artificiel aveugle tout. « Elle s'est noyée », je crie. Les touristes autour tentent de savoir : j'explique à quoi ressemble ta sœur. Ils ne l'ont pas vue. Elle a coulé, je m'écroule à genoux sur la fausse rive. Papa veut me rassurer, saute à l'eau, sous l'eau, fait plusieurs fois le tour, le même parcours. Ta tante qui nous accompagne, aussi. Je l'ai perdue, c'est ma faute je l'ai laissée sans voir le danger. Je la voyais tourner autour à peine à quelques mètres du bord, pourquoi y mettre une telle profondeur ? Je reste à terre, tous crient le nom de ta sœur, on est tous terrifiés. « C'est fini », je le dis « C'est fini ». Si les miracles existent sur cette terre, Matthieu, c'est toi qui en premier m'en as fait apparaître un. On t'aperçoit au loin tenant ta sœur par la main et venir vers nous, tous les deux vous souriez, pourtant nos mines sont décomposées. Tu as vu ta sœur me chercher, ne me voyant pas dans la foule tu l'as emmenée dans une petite pataugeoire plus loin. Si tu n'avais pas été, là elle serait où à ce jour ? Matthieu – saint Matthieu – mon sauveur. Tu rougis derrière ton bronzage, on est fier de toi. Je te dis « Je suis folle de toi folle de toi », je te le dis « Dans mes bras ».

J'ai encadré une photo de vous deux ce jour-là. Vous êtes éblouissants, autour du cou vous portez des colliers de fleurs que vous avez reçus des animateurs. Ils vous ont choisis parmi les enfants. Pour vous, c'est comme avoir gagné un gros lot. Je te vois me la ramener par la main. Ta petite sœur, ta cadette de cinq ans, tu es encore fort jeune pour être celui qui met en sécurité, tu n'as que dix ans. Ce n'est pas ta sœur vers qui je vais en premier, c'est toi. Tu viens de me la ramener saine et sauve. Je te serre et m'effondre en larmes. Toi tu ne comprends pas pourquoi, on te l'explique. Tu réponds. « J'ai vu qu'elle était seule, maman, c'est pour ça que je l'ai prise avec moi. » Tu illumines. Tu as retenu mon enseignement : il faut toujours une présence auprès de quelqu'un qui est seul, qui attend que quelqu'un vienne à lui. Aujourd'hui, c'est presque des mots que je me reproche.

Sauf pour cette journée d'été, pour cette soirée il y a deux ans. Tu as à peine dix-sept ans, tu vas vers un garçon plus âgé que toi, tu sens sa tristesse, tu le sauves aussi : chaque nuit, jusqu'à ce qu'il aille mieux tu l'écoutes, tu l'écoutes jusque tard dans la nuit. Tu l'éclaires, il retrouve la foi, chasse de sa tête l'envie de quitter ce monde.

Il vient à nous au funérarium, nous le voyons pour la première fois, il n'est resté que dans tes appels nocturnes. Et puis, il y a ces sorties où tes bonnes paroles recollent les cœurs brisés, beaucoup plus tôt encore, il y a tes sorties d'école où, chaque mardi, l'église Saint-Antoine est ouverte. Déjà dans la cour tu me demandes si j'ai des pièces. Il y a toujours un homme assis sur le parvis, tu déposes la monnaie dans sa main, tu le touches, ta paume contre la sienne. Il te reconnaît de loin et je crois que chaque semaine vous vous attendez. La somme se monte à moins d'un euro, cet homme ne regarde pas ton offrande, mais seulement toi. Tu as encore tes petites lunettes bleues retenues par un lacet à l'arrière où est accroché un petit ours en peluche, c'est pour dire ton âge, tu as moins de quatre ans, tu es en maternelle. Puis nous ne l'avons plus revu. Aujourd'hui, il doit être vieux, recueilli dans une institution. Je crois à ce que je ne dois pas croire. Je ne saurais reconnaître son visage ni sa taille, je peux juste à cette époque évaluer son âge une petite soixantaine, mais les hommes des rues font souvent beaucoup plus âgés ils vieillissent plus vite, pour en finir plus vite.

Ta dernière sortie est la faille de cette éducation sentimentale que je t'ai donnée. Tu es parti au mauvais moment au mauvais endroit avec le mauvais groupe, monté dans la mauvaise voiture. Tu t'es installé là où il n'y avait personne, les fantômes aussi tu leur viens en aide. Pourquoi n'étais-tu pas installé au volant ? Tu es sans permis, c'est vrai. La route est trop longue, c'est vrai. Tu as hésité, c'est vrai. Vingt minutes de vigilance au volant, ce n'est pas si long, ce n'est pas vrai. On t'attendait on t'attend encore. Lui as-tu demandé de décanter avant de démarrer ? Je ne pense pas. Il ne respecte aucune règle de conduite pas plus qu'il n'a veillé sur ta sécurité. Il est inapte. Te voit-il seulement ? Il ment. Il est bourré. Il est irresponsable. Il n'est pas si jeune que ça, il pourrait être père, il enseigne, son père enseigne. L'un des deux a des lacunes en la matière, j'ai les miennes aussi, mais pas sur ces règles fondamentales. L'autre subit le manque d'apprentissage et vient changer le destin.

Nous sommes souvent cloîtrés à la maison, sans projet, sans cesse étourdis, distraits, ailleurs, un pied tordu, un orteil cassé, une bosse sur le front qui n'a pas vu la clé qui ressortait du meuble. Rester dans une file trop longtemps nous oblige à faire demi-tour, l'abandonner, rentrer. Un parcours en nature doit se faire au plus court. La nuit qui commence à tomber plus vite nous plombe entre nos quatre murs. Nous voilà déjà dépassés le quinze août, cela fait déjà deux mois que tu n'es pas rentré à l'heure dite, vingt-trois heures, l'obscurité est déjà installée, papa se couche à cette heure, même avant l'obscurité, l'angoisse, il s'endort avec sa médication très vite. J'écris sur le tard, il dort à mes côtés, ne ronfle plus, apaisé chimiquement, c'est une nécessité. Elle va durer pour moi aussi. L'anesthésie est inévitable si nous devons nous lever avec le jour, si pas nous resterions allongés jusqu'à l'épuisement. Nous le faisons pour tes sœurs, pas pour l'entourage qui les donne en exemple comme des piliers. Elles sont là, mais nos fondations sont en ruines. Nous sommes quatre au milieu des décombres. Les seuls murs qui nous portent sont des molécules qui s'ingèrent avec quelques gorgées d'eau.

J'encourage tes sœurs à poursuivre, à assurer leur « bien-être ». Nous ne pourrions revivre un tel drame. Nous parlons souvent de survivre comme après une guerre, cherchons de quoi nous maintenir pour ne pas tomber, ne pas rechuter. Notre seul moyen de défense est de nous plaquer au lit ou de nous mettre en boule dans un fauteuil. Le mot deuil pour moi ne signifie rien. On me dit qu'il est trop tôt pour le dire. Les chocs traumatiques entraînent de nombreux dégâts corporels et psychiques. Je ne me fais pas plus intelligente que tous ces experts avocats médecins psychologues psychiatres. Je sais que sur nous, ton père et moi, les dégâts se sont produits dès l'impact. La force qu'il nous reste on doit se la partager, nous nous la transmettons si l'un en a plus besoin que l'autre, c'est la force de notre couple, les gens seuls qui perdent un enfant n'ont pas cette chance. Matthieu, tu es cofondateur de notre couple. Il lui est arrivé de s'effilocher, c'est une situation que tu supportais très mal. Ta disparition pourrait tout faire éclater c'est vrai, mais de moi ou de papa peut-être un de nous se penchera pour ramasser les brisures, les recoller, toi c'est ce que tu aurais fait pour nous. On te doit au moins ça.

L'été va se terminer. Cette année, les deux mois de vacances me sont passés dessus, ils m'ont écrasée. Le temps file si vite sur moi ou est-ce moi qui veux le combler à tout prix ?

Je me plonge dans l'avant-dernier couloir de la piscine, il ne reste que celui-là de libre, l'eau est à peine tiède. Tarder à me mettre en mouvement me fait grelotter. Je fais des battements de jambes et de même avec mes bras, j'enfile mes palmes, comme d'habitude, j'ai gardé mes boucles d'oreilles, je les enlève, les dépose sur le côté. Je me lance, j'ai froid, mes deux premières longueurs sont très rapides pour échauffer mes maigres muscles. Je ne m'étais pas tout de suite rendu compte que cette partie-ci était celle dans laquelle tu plongeais, je suis au milieu. Sous moi, c'est la grande profondeur, je suis la seule à nager ici éloignée des regards des sauveteurs qui eux surveillent une marmaille qui se pousse à l'eau, s'ébroue, joue à se noyer. Une mauvaise sensation me laisse imaginer mon immersion, mon corps qui voudrait couler. La peur de l'apnée m'en empêche, je continue d'avancer en me référant aux raccords des tuyaux au-dessus de moi. Les repères ne sont pas les mêmes, je ne vois pas le plus gros tuyau, je me sens un peu perdue. Me reviennent en tête les trois mètres sous moi, je ne laisse pas l'angoisse m'envahir, je me sens poussée, c'est doux, je suis guidée.

Il paraît que certaines personnes peuvent encore ressentir leur vie *in utero* même adulte. Je l'ai moi-même confié une seule fois à une personne qui me semblait pouvoir comprendre. Je lui avais déclaré intimement: «Je me souviens avoir baigné dans le ventre de ma mère.» Cela devait être proche de ma venue au monde parce que je ressens le froid et revoit un fin faisceau de lumière. On vient me chercher, je dois naître. C'est peut-être pour cela que l'eau m'effraie autant, retourner dans cette bulle amniotique fait revenir des sensations agréables et difficiles en même temps. Cette sécurité dans laquelle notre corps est amorti, sans choc, sans heurt, j'avais décidé d'y rester. J'avais fait mon choix. On a le choix de venir ou pas. J'ai dépassé ma venue de plus de deux semaines. Il paraît que c'est une volonté de l'enfant. S'il tarde à venir, c'est qu'il se refuse à sortir. Par bien-être, par mal-être. De moi, je ne sais pas, j'étais attendue, c'est ce qu'on m'a dit. Mon prénom signifie «Jour de naissance». Mes parents le savent-ils? C'est mon père qui l'a choisi. Je suis forcée malgré cela à venir dans ce monde. On me tire au-dehors de ma mère avec deux cuillers. Comme à chaque fois que je sors de la piscine ou d'un endroit chaud, de mon fauteuil, de mon nid, j'ai cette sensation de froid, intenable, toujours cette même sensation d'extraction.

J'arrive à ma vingtième longueur, je suis sur le chemin du retour, je pense que j'arrive à mi-parcours, je me décontracte, j'arrête tout battement, je n'ai rien à faire pour que mon corps continue à flotter, je suis sur l'eau comme couchée sur le sol, est-ce ma légèreté ou mes muscles qui se tendent autour de mes ossements qui me gardent à flots? Si je me retourne, plonge, je suis comme toi quand tu plongeais sous l'eau, en apnée. Cela me vient. J'ai cette envie de le faire. Je ne bouge pas d'un poil, je sens passer sous moi un corps, il manque de me couler. Prise par surprise, je repars, je crois que tous deux nous venons de prendre des coups. Dans l'eau, l'impact se fait moins sentir pour lui comme pour moi. Je n'ai pas mal et lui? Le jeune garçon nage sous l'eau dans le sens de la largeur, je lui dis que ce n'est pas le sens autorisé, il me peine un peu, il a l'air tout étourdi, sorti de nulle part, son bonnet de bain est retroussé sur sa tête, sa chevelure noire tombe comme deux bâtons sur ses épaules, il tient debout dans l'eau profonde, est-ce mon imagination ? Il ne s'excuse pas, je crois qu'il lui manque quelque chose. C'est ce qu'on se dit quand on ne veut pas ou n'ose pas prononcer le mot approprié, celui d'un petit retard... Il repart sous l'eau, je m'accroche au cordage sur le côté, fais battre mes jambes, mes palmes comme des nageoires, fais du sur place comme un plongeur qui refait surface ou s'apprête à plonger, j'essaie de le suivre, mais il a disparu. Je reprends mes derniers mètres et après quelques secondes le rais de lumière m'indique la fin de ma baignade. Pour la première fois, je fais comme tu le faisais, j'appuie mes deux paumes sur le carrelage, prends de l'élan et tends mes bras d'un seul coup et me retrouve assise sur le bord, juste en pensant très fort à toi, cette manière que tu avais de le faire je l'ai eue, je viens de le faire, juste sur une pensée forte. Au loin, je revois ce jeune garçon, je lui donne entre douze et quinze ans, il a toujours l'air aussi perdu, à la recherche, dans le mauvais sens, personne ne semble le voir ni s'y intéresser. Ce n'est pas un habitué, il est là où il ne doit pas être, au milieu des nageurs, je le reconnais même myope, sa tête tourne en tous sens, son bonnet est bleu, séparé au milieu par une bande blanche, et tout ce qui en dépasse est trempé de noir. Suis-je la seule à le voir vraiment ? Si ça tombe, il est bien là, il ne lui manque rien, il ne manque à personne.

Épilogue

Dans ma tête. Mon fils est dans ma tête tout le temps. Je voudrais la perdre. Ne plus me souvenir de lui. Pour cela, il faudrait effacer toutes ces photographies qui défilent et se sont inscrites en moi, dans cette partie du cerveau qu'on appelle hippocampe. Ce n'est pas facile d'effacer des images avec un cheval de mer qui galope en tous sens. Des molécules chimiques et des fonds de nicotine ne servent qu'à diminuer mes frayeurs, mes oppressions, mes tensions trop fortes dans une tempête en mer. Dans ces moments-là, je dois me tenir à un mur, une table, comme à la rambarde d'un bateau, j'ai le mal comme dans une mer agitée. Je suis une mère agitée. Peut-être qu'à force de répétitions toutes les anamnèses de ces vingt dernières années vont s'effilocher. Tout semble si limpide encore, même parfois les rétrospections m'apparaissent plus précises. L'arrêt sur images, c'est ce qu'il y a de pire. On y voit tout. Toutes ces ingestions ne me font presque plus d'effet. Au contraire, le processus semble tourner à l'envers. Il freine la détérioration de mes songes. Je vais même jusqu'à moi avant de venir dans ce monde. Ce n'est qu'une sensation, mais je peux la décrire comme si je la voyais encore, comme si je la vivais encore parce que je l'ai vécue avant de venir au monde, de respirer librement.

Je suis proche d'une certitude, celle que je me fais de moi. Nous sommes des végétaux humains, comme toutes ces plantes, nous nous dirigeons vers ce qui nous éclaire pour grandir. Je suis sortie d'un tunnel noir qui donne sur un vagin. Devant lui, une porte bombée d'eau prête à se fendre, je flotte encore dans le caisson puis on le perce, je vais bientôt manquer d'air, de nourriture et de chaleur, il me faut sortir. J'ai fermé les yeux pendant des mois. J'ai dormi pendant des mois. Je n'ai pas pleuré, j'ai parlé peu enfant jusqu'à ce que ce monde dans lequel je plonge me bouscule. Aujourd'hui, tout me touche, la faiblesse des hommes, la dureté des hommes. Leur manque, leur abandon, leur abondance dans leur abandon. Il ne me manque qu'une présence parmi les hommes, je n'abonde que dans le mouvement, dans l'écriture, tout ce qui peut occuper mon esprit sauf pour la lecture d'un roman, je dois le lire lentement, me concentrer sur chaque phrase. Je suis prête à manquer de tout, à dépenser sans compter, je suis prête à prendre plus encore sur les comptes, mais je ne le fais pas, dans la pharmacie, à prendre encore plus, je tente de me contrôler. Sinon, il me faudrait une prise en charge, pour cela il faudrait me lier, m'enfermer. Ça me ferait mal au début, j'ai des antécédents, la douleur est insupportable les premiers jours surtout, c'est un combat entre le corps et l'esprit. Un corps à corps, dans le corps il y a l'esprit. Le corps entier doit se contorsionner, s'accroupir sur le sol, la tête aussi se taper dessus, il vaut mieux fermer toutes les portes et les fenêtres, les baliser. L'esprit a autant besoin de repos que le corps. Ils bataillent ensemble, ils se sont dissociés, ils cherchent à se rejoindre, s'harmoniser. C'est une phase que je ne suis pas prête à affronter à nouveau. Et puis, je me souviens de presque tout encore, je ne suis pas encore entièrement détériorée. Regardez-moi, rien ne change, la vie ordinaire, les tâches, les loisirs, les vacances programmées pour les filles, la rentrée scolaire qui se prépare, la messe commémorative dans un mois, notre chambre à repeindre, les plinthes de la salle de bains à remplacer, passer la voiture au contrôle, préparer la gourde d'Élyse demain; elle travaille à la bibliothèque de l'Université, elle archive, elle continue, elle renouvelle son contrat l'année qui vient, mettre l'antipuce à Lila tous les débuts de mois, faire mes repousses, prendre rendez-vous chez la pédicure, faire couper les pointes de Valentine pour la rentrée en quatrième secondaire, faire le bilan de sa garde-robe, tondre la pelouse. C'est habituel. La cuisine est toujours rapide, mes plats ne se préparent toujours pas, ils sont sans saveur, je réchauffe, je cuis au plus vite, mon four est éteint, le micro-ondes bat son plein. J'écris, je fume un peu ; si à l'occasion on se décide à mettre le nez dehors, je bois un verre à bon degré, assez élevé, un verre me suffit, mais les effluves s'estompent bien trop vite. Il m'arrive d'en reprendre un deuxième, pourtant l'alcool et les pilules ne font pas bon ménage. Il est toujours devant mes yeux, il galope. Beaucoup de monde fait ce que je fais, des mélanges. Beaucoup de mères sans la perte d'un enfant le font. Parfois, c'est une autre perte, mais c'en est une quand même.

 Regardez-moi, rien ne se voit : je me fonds dans le tas des humains sous emprise, je me tiens bien, je suis bien vêtue, maquillée, mes cheveux ont de la tenue bien que fous, je présente bien, comme toutes ces femmes qui veulent faire disparaître leur malheur dans l'apparence. Je souris, je fais semblant de sourire et puis il y a des jours où je souris vraiment. Je ne réagis pas tous les jours de la même manière. Parfois, j'accueille, on me sert, on pleure dans mes bras, je laisse faire. Certains me sautent dessus, m'envahissent. Je pleure chaque jour sans verser une larme, d'autres je me tords à genoux, accroupie dans le salon, recroquevillée sous un plaid, dans ces moments-là je suis seule et je vide mes yeux, mon âme trempée va se noyer, je la laisse déborder sur mes joues sur le coussin, je vais mieux ensuite. Je peux même rire après. Je veux dire sur une heure de temps, mes émotions sont en dents de scie. Il m'arrive de sauter un jour le cimetière, pas plus. Il m'arrive d'y rentrer avec la voiture, c'est comme je le sens en arrivant. À n'importe quel moment je peux braquer d'un seul coup, me garer sur les places de parking ou continuer, aller droit devant, passer sous cette chouette qui est la gardienne ici, je tourne à la pinède, je reste en première, je vais au pas d'homme, je fais marcher le véhicule avec moi assise dedans. Je longe la pinède, tu es dans le fond, c'est confirmé, tu l'es, tu termines la file. On pourra planter un arbre près de toi sans trop dépasser ta sépulture. Moins de cinquante centimètres, après c'est la propriété terrienne, plus la tienne.

Au moins une fois dans sa vie, un homme doit planter un arbre. Enraciner, c'est aussi s'enraciner. Plonger ses mains assez profondément dans la terre pour placer un rhizome qui va nous dépasser, mourir après nous. Il va falloir une pelle pour creuser, la dureté, la couche terrestre, mais après je veux continuer à la main. Ici, certains arbres sont centenaires. Sur le terril, cet horizon qui entoure le cimetière, j'attends la neige. Un lit blanc même de quelques jours, il va falloir que je visionne comment y accéder. Un sac à dos, vêtue chaudement, des boissons chaudes, un peu de nourriture, du pain surtout, un briquet, des allumettes, je veux savoir ce que ça me ferait de me mettre dans la peau d'une bête. La panthère des neiges pour une journée seulement. En bas, mon tigre gît. D'en haut, je peux le veiller, mais je ne pourrais le voir, un alignement de sapins empêche, même depuis le sommet, une vue sur la tombe. Quoi qu'il en soit, je le ferais, je saurais le repérer de là où je suis. Chaque jour, je suis si humaine devant sa pierre. Certains jours, je ne sais quoi faire, que dire, parfois j'emporte ma tartine et je fume après. Le tigre est enterré. Je ne sais quoi dire à un mort. C'est aux mourants que je le peux.

Cinq jours avant ton décès, les messages, les textos ont eu raison d'être, je n'ai ressenti à aucun moment une fin, plutôt une renaissance entre nous. Nos corps même distancés se sont ranimés par les mots. On s'est même dit qu'on s'aimait. La parole n'est pas nécessaire dans un cimetière, les prières non plus. L'écrit est essentiel, il reste. J'ai effacé ta boîte vocale. Ses SMS sont toujours là, ta page Facebook active. Je n'ai encore rien tenté d'y écrire, je préfère sur papier. Que tout le monde sache qui nous sommes vraiment, comment cinq jours avant un départ, sans aucune préparation, nous sommes arrivés à nous parler. Nous ne sommes pas prêts nous humains à mettre du sens sur la perte d'un cher. Ici, en tant que mère, je suis passée à côté. J'ai cru à de bons comme à de mauvais présages, les plus néfastes se sont manifestés sur moi, sur autre que lui. En réalité, il y avait dedans deux sens, visant la même personne : lui. Les plumes, bon présage. Le chat noir écrasé, mauvais présage. Mes contractions utérines, un accouchement prématuré ; une perte prématurée, pas un cancer, pas une maladie. Quoique... des prémices, un choc post-traumatique peut s'enclencher, s'étendre sur des années, je le porte en moi, il envahit mon être, il a déjà commencé à me ronger. Cette taille d'orange, je la visionne, elle est toujours localisée à la même place, je n'ai que l'image, un jour pourrait-elle devenir tumorale et même métastasique ? Cela peut survenir dans les dix prochaines années, ça me ferait cinquante-six ans, je peux continuer à me détruire, je peux aussi me régénérer, nous sommes constitués de cellules, de globules rouges, leur durée de vie est de cent vingt jours, ensuite elles se suicident. C'est un processus normal. Si elles restent en vie, elles se nourrissent, nous rongent, prolifèrent, pourrissent quelque part en nous. En s'agglomérant, elles prennent une forme, viennent s'installer sur une partie de notre corps, la plus faible, la plus vulnérable. Je ne connais pas la mienne, ça pourrait être ma personne tout entière ; pour ma part, cela se généraliserait. Je ne veux aucun traitement, si cela devait m'arriver. Je veux le soulagement le mieux adapté, je voudrais passer du temps avec mes enfants, les êtres qui me sont chers, mes amis retrouvés, ceux de l'enfance, de l'adolescence. Je donnerais mon corps à ces apprentis médecins, des parties de ma matière placées dans du formol, cette solution est essentiellement aqueuse, sa formule chimique : CH_2O. H_2O, c'est l'eau. C, c'est le carbone, du latin « charbon ». Il ne provient pas du Big Bang, il a été produit en masse dans le cœur des étoiles. Sur terre, il est le charbon, le pétrole. Ça me tente d'être à la fois dans ce mélange d'eau et de feu. Cela serait une infime partie de moi, comme dans un aquarium illuminé.

Mon arrière-grand-mère, Désirée, a eu deux fils et une fille. Ses fils sont devenus pompiers, des extincteurs du feu avec dans leurs mains des lances d'incendie, des cascades de jets d'eau, des torrents projetés sur des usines, des maisons, des granges en feu. Des hommes du feu, des hommes après le feu trempés d'eau et de suie. Je vais finir trempée dans le CH_2O (formol), conservée un moment à l'intérieur, puis brûlée. Cette formule chimique, on peut la retrouver dans la fumée de cigarettes, les feux de forêts, elle est aussi produite dans les organismes vivants et humains. J'y trempe déjà un peu. À chaque fois que j'allume ma cigarette, les effluves m'entourent, je les ingère. À chaque fois que je désinfecte le sol, repeins un mur, me lave les cheveux, déballe de la nourriture, la substance s'infiltre en moi. Je vais finir plongée dedans, dans des bocaux de laboratoire.

À leur naissance, les enfants ont le même poids : trois kilos cent cinquante grammes. Je crois que vous faites partie d'un record, je suis très ponctuelle, je les ai provoqués. Je ne connais pas leur poids actuel ni leur taille, ils ont chacun des gabarits différents, c'est leur poids de départ qui est commun sur la balance, à leur sortie de moi. Si on les additionne là tout de suite, neuf kilos quatre cent cinquante grammes, c'est à peu près ma perte pondérale sur deux mois. C'est une perte énorme pour une femme de ma taille, c'est à peu près un kilo de prise de poids par mois pour une grossesse. C'est un chiffre approximatif qui met un terme à la gestation. Si je le dépasse, je pourrais descendre au-delà des quarante kilos. Plus bas encore, mon médecin mettrait lui-même en route un processus. Je serais reliée à un tuyau. On devrait l'enclencher dans mon bras, dans mon cou. Chez la doctoresse de famille, je ne me rends pas pour l'instant. Mon récit se termine, je dois puiser dans mes propres ressources. Je suis presque mise à nu, transparente. Je ne sais pas si le moment est opportun pour une visite médicale.

Les filles, je ne le savais pas, j'ignorais que les corps donnés à la science ne sont pas systématiquement rendus aux familles après l'incinération. J'ignore où je pourrais finir en cendres.

Alors, j'ai pensé que si mes cendres ne vous étaient pas rendues vous pourriez me garder autrement.

Vous pourriez planter près du caveau des plants de roses trémières. Elles s'appellent aussi « roses d'outre-mer » ou « roses papales », près d'une tombe elles auraient leur place. Elles symbolisent aussi la fertilité. Je resterai présente à chaque floraison, je tomberai sur le sol enfermée dans de petites boîtes, je serai répandue sur le sol aussi. Vous voyez, nul besoin de répandre mes cendres. Je serai là.

Si l'envie vous vient, ramassez-moi, jetez-moi à la mer, elle est vaste la mer du Nord, elle se jette dans l'océan.

Vous pouvez continuer de me fleurir chez vous ou chez nous. J'ai un grand faible pour les hortensias, du latin *hydrangea*, « eau » et en grec, *angos*, « vase ». Un vase d'eau vous suffira.

Dans le futur, je voudrais que les choses se passent cette fois dans l'ordre des choses, le bon cette fois, m'éteindre avant vous ; c'est dans la logique des choses. Que mon absence dans le temps qu'il me reste à survivre ne vous affecte pas.

Je dois partir avant vous. L'important aujourd'hui, ce qui compte, c'est ce que nous devons faire ensemble avec ce qu'il nous reste de temps. On ne sait pas à l'avance, nous sommes tous destinés à ne pas rester, je suis destinée à vous quitter. Comment et quand, je ne le sais pas à l'avance, sauf si une maladie incurable me tombait dessus, alors nous accélérerions les bons moments sans penser aux heures d'après ni aux autres lendemains. Si vous pouviez garder ceci en souvenir si jamais je perdais la raison.

Si j'oubliais qui je suis,

Rappelez-moi que je suis votre mère.

Si j'oubliais vos prénoms,

Prononcez-vous, dites « je suis », dites « souviens toi ».

Allez aussi loin que votre mémoire d'enfant vous revient, c'est là que je vous retrouverai.

Il ne sera plus nécessaire alors de vous nommer.

Les fous, les déments, les hérétiques s'éloignent de ce qu'ils sont devenus, jouent à des jeux d'enfants, se roulent par terre, se mettent au plus bas, rampent sur le sol, se tortillent pour marcher à quatre pattes.

Ils reviennent à eux et à ce qu'ils ont fait d'eux de plus précieux : leurs enfants. Cœur rouge.

Depuis près de trois mois, ma mémoire vacille d'une époque à une autre, elle bloque, essaie d'avancer, mais le plus couramment elle recule comme une bande enregistrée sur une cassette. Les cassettes n'existent plus. Il suffit maintenant de cliquer. En ce qui me concerne, je dois plutôt appuyer légèrement sur mon feutre. Le temps devant nous défile, je ne le vois plus. Le cerveau a le pouvoir de marquer des pauses, de nous projeter vers l'avant ou de nous faire faire demi-tour.

J'appuie sur mon feutre, j'écris, je l'appuie de noir, j'écris, je marque un arrêt, j'écris encore, je le laisse aller, je ne le lâche pas. On continue. L'encre s'appauvrit, arrive sur sa fin, je lui demande encore un peu d'effort, j'appuie moins fort, on revient où tout se termine. On va rembobiner. On en revient au début de la fin. Le feutre me fait ouvrir les guillemets.

Je me souviens de bruits de fond au loin, d'enfermement, nous allons devoir vivre cloîtrés à cinq. On y est. Chacun dans son enclos. On n'en sort qu'aux heures des repas. Je suis la seule à transporter le virus d'un domicile à un autre, à le ramener chez nous. Aucune contamination. Nous restons chacun dans nos cages. Je remets le bouchon du feutre.

Je me souviens de son calme entre ses pleurs, qu'elle réclame famine, de mes tentatives pour la nourrir, moi et seulement moi, de ma main qui se réchauffe au contact de son front. Ça l'empêche d'ouvrir son appétit, ses reins s'infectent, ses globules blancs envahissent ses urines, de petits cristaux en forme d'étoiles flottent dans un petit pot à prélèvements. C'est la petite dernière, née avec une petite chose en trop, qui ne va pas l'affecter, il faudra la surveiller deux ans pas plus, elle va disparaître ou elle va rester. Je ne prends pas le temps de m'arrêter.

J'ai le souvenir de nos dernières vacances à la mer du Nord. Valentine à la mer. Valentine qui s'éloigne, ne fait plus de fleurs de papier crépon, ne les échange plus contre des coquillages. Une fleur à elle seule a une valeur de coquillage, ça peut aller de cinquante à cent. Valentine ne vient plus me demander la traduction néerlandophone.

Elle ne va plus au bord de l'eau. Valentine s'éloigne encore plus de nous, elle grandit, on la laisse vagabonder, c'est une jeune fille, elle lie connaissance, revient vers nous, désire quelques euros, elle va faire un tour avec une francophone et une néerlandophone.

Valentine s'éloigne un peu plus encore en Italie, elle est jeune fille, reste tout le séjour avec un groupe de jeunes de son âge.

Nous sommes seuls sans enfants, on jette nos regards sur ceux qui nous entourent.

Je me souviens des catastrophes climatiques en Thaïlande, de l'eau qui envahit sur des kilomètres la terre ferme, des corps dessous, des corps qui flottent parmi les immondices, des restes de toutes sortes, l'océan recule, des matériaux, du bois, des tôles, des chaussures plantées dans le sable, des vêtements. Dans des camps de fortune, un alignement de cadavres recouverts d'un drap blanc et aux abords des enfants qui jouent au ballon avec des plastiques.

Je continue.

Je me souviens de l'appel, j'entends nettement sa voix, Matthieu a eu un grave accident. Sa mort est survenue, il est mis en terre, seul, premier, il reste quatre places auprès de lui. Il est domicilié à demeure, à jamais, illuminé chaque jour, fleuri, recouvert sur un lit, le blanc prime.

Je ne sais pas parler.

Je fixe sa tombe.

J'admire les alentours.

Je retiens le nom de ses voisins.

Je m'éclipse.

Je pose mon feutre.

Je me souviens de ses sourires et de sa joie réapparus ces dernières semaines, l'été arrive, il aime le projet du magasin, il se sent investi, pulsé, revient rassasié. On se loupe.

Je l'entends rentrer pour dormir, demain c'est un autre projet, ça s'approfondit, le hangar doit se meubler de frigos. Je referme mon feutre. J'ai des trous.

Je me souviens de nos dernières vacances, Matthieu s'ennuie avec nous, il doit se forcer pour nous rejoindre à la plage. Nous le voyons arriver sur la butte de sable au loin, on lui fait de grands signes, il a son essuie sur le dos, ses lunettes de soleil, on veut lui offrir une glace, un verre. Non. On fait comme quand il était petit, on lui en fait la remarque. Après un court moment, il rentre à l'appartement. Nous nous retrouvons, Papa et moi, seuls assis sur nos chaises plantées dans le sable. La marée monte, bientôt nous regarderons muets les enfants attendant l'envahissement du remous mousseux des vagues dans les tranchées de leurs châteaux forts, au-dessus de nos têtes virevoltent des cerfs-volants, je pince le bras de Papa en piquant mon nez vers le ciel; il me sourit, moi j'ai envie de pleurer, je voudrais que nos enfants redeviennent petits.

Il ne pleure pas. Il ne se retient pas comme moi. Lui, ses larmes coulent dès que le besoin s'y prête. Nous ne sommes plus épris par les mêmes sentiments. Il savoure le moment au présent, s'endort. Je remets mes lunettes de soleil, laissant mes yeux par dessous se rougir. Au loin, je vois ce père creuser plus profondément encore pour protéger la tour, la forteresse qu'il a construite avec ses petites têtes hautes comme trois pommes.

Je me souviens des premières semaines de confinement. Matthieu est comme une bête encagée. L'irbis qui est en lui veut respirer la nuit qui vient de tomber, je sais que pour lui l'enfermement même au sein de la famille est devenu une prison. Je ne sais plus qui décide d'ouvrir la cage, mais il en sort, il emmène Valentine. Ils partent se promener dans les rues du quartier, rentrent au-delà du couvre-feu. Je ne sais plus qui de nous dit « nazisme », parle de « rationnement », d'une « guerre ». Nous ne connaissons que les termes, nous ne manquons de rien. Cette guerre-ci est invisible. Je crois que ce sont juste des mots qui surgissent d'un passé obscur auquel nous n'avons pas appartenu.

Je me souviens d'un léger rapprochement, nos repas se font encore ensemble, les cours sont suspendus, les sorties restrictives, les sports interrompus, le contact avec les amis interdit. Je sais que parfois il nous est arrivé de regarder un film à cinq, je crois que Stallone a mis tout le monde d'accord. Je crois que c'est le seul. Je ne sais plus.

Je ne me souviens plus de notre dernière fois. Si c'est le mardi ou le mercredi, je ne sais même pas si on s'est regardés. Je ne vois plus une image qui me rappelle un dernier échange visuel entre nous. J'ai oublié nos dernières quarante-huit heures. Je ne sais plus si je suis rentrée ou si tu es déjà parti. Je ne sais pas si tu rentres alors que je repars pour le travail. Je ne sais pas dire quand pour la dernière fois je t'ai vu. Je n'ai plus de souvenirs. Nous nous sommes manqués de peu, mais nous avons nos portables. Nous nous manquons. Je ne cherche pas à savoir où tu es, la confiance entre nous est revenue. Je sais que je suis la seule, deux heures avant l'accident, qui te donne ta liberté, t'ouvre la cage, l'irbis n'est pas captif. L'irbis ne sent pas le danger. Très vite, il se laisse approcher par l'homme. Je sais que tu n'y as vu que du feu. Tu es pris au piège. Je ne sais même pas si cela t'effleure. On se sert de toi comme on veut. En toi, ils ne voient que la vie sauve. C'est toi qui te sacrifies pour eux. Je sais que tu hésites un peu avant de t'encager dans cette voiture flambant neuve. Je sais que tu hésites à appeler papa. Je voudrais oublier ces dernières visions qui me parviennent de toi. Je ne sais pas qui a ton portable, pas toi, on me l'a rendu intact.

Je voudrais oublier que tu as hésité à nous appeler. Je voudrais oublier que tu as été gêné de demander qu'on te le rende. Je voudrais oublier que d'autres mains t'en ont empêché. Je voudrais oublier que le pire aurait pu être évité. Un seul coup de téléphone, un seul, et nous volions à ton appel. Un seul.

Ce soir, l'irbis est méfiant, il est en partie en toi, tu t'assieds à côté d'un fantôme de lumière, l'irbis se laisse capturer, sa fourrure va s'arracher, l'animal dépecé de sa coiffe. Mi-homme mi-félin, vous n'avez plus à vous dédoubler, ensemble vous êtes réunifiés.

Vous êtes réunifiés, comme des immortels autour d'un feu de camp.

Je me souviens des attentats sur les tours jumelles, une journée qui commence comme toutes les autres journées, deux avions en plein impact, le premier est déjà encastré, le second arrive en plein vol, aujourd'hui le onze septembre 2021, c'est une journée commémorative. Vingt ans déjà. Sur le sol, une immense plaque, un grand vide. Trois grands gratte-ciel ont été reconstruits, la grandeur rénovée. Dans le vide, ce mémorial a des allures de linceul, un immense carré troué par un autre petit carré noir vu du ciel, un puits, un fond, une eau de fontaine se renouvelle sans cesse, rappel, garde du fond jusqu'à la surface la souvenance, de l'eau s'écroule et rejaillit continuellement, on ne parle pas de cimetière. Des milliers de personnes y viennent, le mémorial est arboré, le musée est dessous, les morts dessous, seuls des restes sont ensevelis sous un mausolée à l'arrière. On ne dit pas cimetière, on parle de restes humains anonymes, des disparus, des dispersés. On ne dit pas cimetière, il n'y a pas d'urnes, pas de colombariums. Les restes sont rassemblés, font ensemble à part entière des petites miettes pour leurs familles, leur pain quotidien. Les pris au piège du onze septembre sont partis en fumée, leurs cendres se sont mêlées, ont envahi les rues, étouffé les sauveteurs, ont recouvert les rescapés, les badauds, leurs cheveux, leurs visages, leurs vêtements, leurs cendres se sont infiltrées dans les immeubles voisins, ont passé sous les portes, entre les châssis des commerces, ont formé la plus grande fumée incendiaire, ce n'est pas un cimetière, c'est un espace où la vie circule parmi la mort. On pourrait l'appeler autrement que cimetière ou lieu commémoratif, on pourrait le nommer comme un dolmen ou un menhir, une chambre où dormir.

Il y a vingt ans, je regarde l'attentat en direct, je suis enceinte de mon deuxième enfant, celui au sexe inconnu, j'entame mon dernier trimestre, je suis au repos, écartée. Je ne veux pas m'arrêter là.

Elle naît la première, je me souviens de ses yeux, marron, ronds, ses cheveux à la garçonne, d'un brun brillant.

Elle me fixe dans le rétroviseur, elle a deux ans. C'est mon premier enfant, je roule, je ne l'entends pas m'appeler, c'est moi qui me laisse distraire, elle me lance un clin d'œil dans la petite glace. C'est son premier, il est réussi. On ne se parle pas, son clin d'œil je le lui renvoie, je cligne comme elle l'œil droit, au feu rouge, je me retourne, on se donne la main, la droite.

Sent-elle déjà mon mal-être, celui d'une mauvaise journée de travail, son regard n'est déjà plus celui d'un enfant de deux ans, je vois une adulte ou bien est-ce moi qui me vois dans ses yeux. Je suis enfantée par elle, je ne suis pas à la bonne place, elle non plus.

On s'aime. On va s'éloigner. Elle va prendre ma place, j'ai fait avec ce que l'on m'a transmis, je fais d'elle trop vite une femme.

Je me souviens de nos dernières vacances ensemble, Élyse nous rend visite une seule journée au cours de notre séjour, elle prend seule le train, nous rejoint à la mer, elle resaute dedans le soir, le premier en partance vers chez nous.

Je dois patienter, recapuchonner mon feutre.

Je me souviens d'une année à attendre l'aménorrhée. Je me souviens des jours de retard, des tests négatifs, des déceptions des traces brunes, puis du sang frais. J'oublie mon cycle, je n'ai aucune perte, c'est positif.

Je dois changer de couleur, mon feutre rouge par le noir.

Je me souviens d'un repas prêt à être servi dans la cuisine chez mes parents. Mon père m'appelle, ma mère est partie pour de bon, mes sœurs ont suivi, la dernière n'a que quatre ans, celle qui me suit dix-huit. Il est assis dans son fauteuil, il me faut tout laisser tel quel, il n'aime pas la sauce aux poivrons, il n'a jamais fait une seule vaisselle, elle a eu un coup de tête, il savait depuis longtemps, elle va revenir à elle, il sait : vivre avec l'idée qu'il est devenu trop vieux pour elle, il l'attend, sinon il se laisse mourir.

Il le fait sur une douzaine d'années, il meurt à petit feu.

Il veut voir naître ses petits-enfants. Il les voit tous les trois. Ils sont palliatifs. Il passe ses journées à boire ses bières, son demi-bac, puis passe à un quart, fume ses cigarettes roulées, se fait mordre par son chien, qui lui déchiquette la main, il fait euthanasier sa bête, sa tristesse, sa seule compagnie, il se lasse de ses opérations à répétition, ses carrefours vasculaires sont bouchés, il s'anorexie, il glisse, sa mort devient intime. Il fait une petite apparition chez nous dans le couloir pour faire un signe de main à son petit-fils de douze ans alors qu'il vient de partir en fumée.

L'encre est neuve, à peine si j'appuie sur le feutre.

Je me souviens qu'Élyse danse, c'est son premier examen de classique, mon portable est sur silencieux, cela fait des heures que l'on essaie de m'annoncer sa mort. Avant de partir, mon père brûlait de fièvre, avant de sortir de sa chambre d'hôpital, je le regarde, il cligne vers moi un œil, dans son lit couché sur le côté il me dit adieu. Je rature sans cesse, j'éteins plus souvent mon portable, je pourrais le couper le jour et la nuit.

Je me souviens que l'on danse, qu'on emmène les deux enfants encore en bas âge partout où nous allons, au restaurant, aux fêtes. Je fais les fériés, je ne rentre pas dormir, sur la route vers la maison de retraite, des fêtards reviennent à pied.

Les vieux dorment encore, les vieux attendent leur toilette, leur plateau, leur godet, leurs gouttes qui calment leurs angoisses, leurs douleurs et leur toux. Ils tremblent, se plaignent, s'étouffent, sont trempés, sont souillés.

Les vieux s'impatientent, appuient sur leur sonnette, s'avancent dans les couloirs, s'enfuient par la grand-route, retournent chez eux.

Les vieux n'écrivent plus, ne lisent plus, regardent le téléviseur, par la fenêtre, racontent leur vie. Je ne les écoute pas. Je les écouterai plus tard quand je comprends qu'on ne m'écoute pas non plus. J'ai usé des tonnes de feutres pour mes rapports journaliers, j'ai usé des Bics à quatre couleurs pour transmettre ce que les vieux ne disaient plus oralement, seulement leurs expressions corporelles. Pour un certain nombre d'entre eux, ils se sont sentis perdus un jour au beau milieu d'une phrase, ne sachant plus qui est qui, même eux-mêmes. L'amnésie, le dernier recours des mémoires usées. L'oubli, le seul moyen de partir, faire de soi ce que l'on veut, ou être à la place d'un autre, être là où l'on veut, ou être à une place abandonnée, se retrouver à toutes les époques, à tous les âges, redevenir un enfant, faire revenir le sien en soi. Les vieux redeviennent des enfants, les vieux tendent leurs bras aux disparus, aux invisibles.

J'appuie sur certains points, j'oublie de fermer mon feutre, la poche de ma blouse blanche est imbibée, une tache noire s'est étendue.

J'ai le souvenir d'avoir toujours été entourée de vieux, à commencer par mes grands-parents maternels, paternels je ne les ai pas connus. J'ai le souvenir des jardins, des serres de tomates, des plants de poireaux, de la terre retournée sur les pommes de terre, de l'engrais par-dessus, des bouteilles en plastique coupées sur des boutures, du linge pendu sur des piquets ferreux plantés au milieu d'une rangée de béton, du peu de pelouse, de l'absence de terrasse, de l'abondance des arbres fruitiers, des hirondelles, du pourquoi de leur départ et de leur retour, des nichées, de la mort-aux-rats, des piqûres d'insectes, des gourmes, des picots sur les jambes, des pissenlits interdits au toucher, des heures de recherche après un trèfle à quatre feuilles, des boules de neige qui s'envolaient sur un souffle, je ne me souviens plus de leur nom. Des boules de neige dans les champs au printemps, en été.

J'ai le souvenir d'aller au plus près des barbelés qui séparent le jardin des champs, d'avoir mis les pieds dans l'interdit, de m'être engloutie jusqu'à mi-mollets avec mes sandalettes dans le sol marécageux. En ressortir pleine de boue. Tenter de tout camoufler. Tremper mes pieds dans la citerne d'eau derrière la cabane en bois de mon grand-père. Être restée pieds nus, attendre l'assèchement. Revenir avec la même image que l'on se faisait de moi d'« enfant sage ».

Mes mains vont plus vite que mon feutre.

Je me souviens avoir fait quatre déménagements en quatorze ans.

Deux petites maisons. Une au loyer inexistant à l'arrière d'un café dont mon père était le repreneur, le nouveau tenancier, un bail de quinze années. Et l'autre, une rue à côté, une ruine dont mon père a fait une maison neuve.

Je me mets à écrire dans un carnet avec un porte-plume.

J'ai le souvenir que mon père annonce l'arrivée d'un nouveau-né parmi nous quatre. Il est trop vieux, ma mère entre deux âges, je suis l'aînée, quatorze ans d'écart, sa marraine attitrée, on dort déjà à deux dans la même chambre avec mon autre sœur.

La petite dernière naît. Son prénom est mixte. Ma mère n'a toujours pas de lait. Ma sœur pleure dans leur chambre. Elle fait ses poumons. À moins d'un an, elle intègre notre chambre, elle m'éveille souvent, elle est debout dans son nid d'ange. Je la prends dans mon lit. Elle veut jouer et moi je ne veux que dormir, demain j'ai cours. Je l'endors en lui caressant un bras, une joue, je fais avec elle ce que je peux, avec le peu que j'ai reçu, que j'ai vu faire.

Je la colle contre le mur. Je me colle au bord du lit. Je ne dors plus.

Mes poignets me font mal, j'ai laissé tomber le feutre, j'ai pris l'effaceur, le côté qui écrit bleu, j'écris de plus en plus finement, de plus en plus vite.

De mes sept ans à mes quatorze ans, j'ai ces années dans la tête, de ce temps à vivre à l'arrière d'un cabaret. Je les résume en tout et pour tout comme des années : d'absence, de solitude, d'inconfort, d'acharnement scolaire, d'odeurs permanentes de cigarettes, de relents de houblon, de naphtaline pour urinoirs, d'envahissement, de séances de catéchisme, de prières avant les cours, d'homélies du dimanche. Mon entrée dans le mouvement de jeunesse : une bouffée d'air frais le dimanche après-midi.

Chaque dimanche se termine par le bain du soir, dans la baignoire sabot installée derrière un rideau par mon père.

Mes premiers essais sous l'eau, Mes souffles retenus,

Mes records de mois en mois, Mes secondes de gagnées,

Mes années de cours de natation,

Mes sauts à la perche, Mes brasses,

Mes longueurs sur le ventre avec planche, Mes retours avec planche derrière la tête.

Je bats des jambes, sur le ventre, sur le dos. Je deviens bonne nageuse, je peux rester en apnée, les yeux ouverts, descendre en dessous du niveau de la terre, même me faire peur, ne me voyant plus revenir à la surface.

Si je veux continuer, je dois rester en vue. Maintenant que je maîtrise, je n'ai plus besoin d'aller au cours.

De mes trois ans à mes sept ans, nous occupons mes parents et moi une rangée de maisons cubiques identiques, neuves, basses, avec garage, des petites fenêtres à l'étage.

Tout confort, trois chambres, une salle de bains, un W.-C. à part au rez-de-chaussée.

Ma première sœur naît, ma mère attendait un garçon. Son prénom est mixte. Mon père ne sait faire que des filles.

Dès que les cheveux de ma sœur poussent, ils sont coupés. Je reste avec mon carré.

Mon père bâtit aux alentours, ma mère nettoie tout autour d'elle.

L'eau du bain est bonne pour ma sœur, à mon tour elle est tiède, ma mère me rince les cheveux aux grandes eaux, je tiens devant les yeux mon gant de toilette, j'ai peur des jets du cornet de douche, je vais me noyer, je ne saurais pas me noyer dans si peu de profondeur et puis je dois me taire pour ne pas avaler la tasse, boucher mon nez avec mes doigts.

De zéro à trois ans, j'ai peu de souvenirs de ma première demeure. Juste l'image d'une pièce à vivre avec un tapis grassement fleuri.

Un perroquet vert encagé, il crie mon prénom à tout bout de champ, me dit-on.

Je ne me souviens que de l'oiseau derrière les barreaux et de mon père qui le nourrit à la graine puis à la viande.

Il me reste juste l'image de cette pièce donnant sur un couloir étroit qui donne sur une cage d'escalier ouverte à quelques marches de la porte de sortie.

Je n'arrive plus à arrêter le bleu de l'effaceur, il continue de filer plus vite que mon poignet.

Je n'ai aucun souvenir d'avant la cage d'oiseau.

Sauf un qui me revient parce qu'on me l'a raconté, ce n'est pas vraiment un souvenir, mais un cauchemar.

C'est ma pensée la plus lointaine.

La chambre blanche. Tout est net. Tout est clair.

Je refuse d'ouvrir la bouche, je suis dénutrie, déshydratée, j'ai entre deux et trois ans, je ne veux pas avoir plus de précisions.

Je suis dans cette pièce, les murs sont blancs, une fenêtre donne sur la lumière du jour, elle est dans mon dos, je suis placée dans un lit à barreaux. Ils sont relevés, peur que je tombe, peur que j'en sorte avec mes raccordements, peur qu'ils ne soient arrachés par un faux mouvement.

La lumière s'infiltre dans la pièce, il fait plus blanc encore, j'ai la tête qui dépasse du drap, mon bras soutenu par une forme rigide pour ne pas le plier, l'autre on le relie sous la literie au fer du lit cage avec une bande Velpeau.

Ma tête, un seul bras, ressortent, la seule couleur est celle de ma peau qui ressort du monochrome.

Je n'ai qu'une seule vue, ça ressemble à une cellule, une porte de prison.

J'ai peu de visites, celle du passage des blouses blanches et ne me souvient que d'une paire d'yeux, bleus, ses cheveux sont encore blonds.

C'est ma mère qui me rend visite par la petite fenêtre vitrée au-dessus de la porte. Elle ne peut entrer, je suis en isolement, on lui interdit de m'approcher.

On me raconte que l'on a dû nous séparer, elle n'arrivait plus à me faire avaler, que j'aurais pu mourir, que j'ai failli en tout cas.

Des nuits, je me souviens qu'il faisait nuit.

J'ai toujours été entourée de vieux, ils vous racontent leur vie, certains sont vos vieux, vos aïeux, c'est eux qui racontent la vôtre

Il n'y a pas de point, j'ai peut-être des vies antérieures virgule c'est peut-être ma première virgule celle de la plus grande souffrance virgule celle de ne pas vouloir naître virgule de voir mourir une partie de soi virgule ou alors j'ai une vie qui m'attend où je pourrais tout recommencer virgule arriver naturellement virgule vouloir venir devoir partir sans laisser une part de soi. Il paraît que nous avons plusieurs vies, où en suis-je ? On peut revenir dans une chair, laquelle ? Animale aussi ? Il existe un passage où sa propre âme va vers une autre, ou reçoit l'âme d'une autre virgule certaines peuvent même rester au sein de leur propre famille virgule.

Espace

J'éprouve le besoin de faire un arrêt.

Espace

Je fais des petits arrêts virgule comme un cœur qui s'arrête puis repart.

Espace

Des petits oublis, des moments d'absence au beau milieu d'une phrase, l'absence du mot (juste).

L'impossibilité de revenir dessus, suspendu au bord de mes lèvres, plus rien ne veut en sortir,

Espace

La pointe de l'effaceur est à quelques millimètres de la feuille blanche.

Espace

Je perds les bons mots.

Espace

Je laisse un blanc.

Espace

Le dénouement

Écouter ses ancêtres. Écouter la voix des sages. Je l'ai fait souvent, maintenant que je suis seule dans ma chambre à écrire, je peux les entendre à nouveau.

Je les ai soignés, maintenant c'est moi qui suis souffrante. J'ai eu une perte. J'ai vécu souvent chez ma grand-mère, je l'ai soignée aussi.

Aujourd'hui me revient une phrase que souvent lors d'un décès ou d'une naissance elle répétait : « Dans chaque famille, quand quelqu'un part, un autre arrive, pour garder le compte juste. »

Matthieu meurt, qui le remplace, qui va naître ?

Ma grand-mère rajoutait ceci : « Dans l'année qui vient. » Elle ne disait pas « l'année en cours ».

Emmie est née cette année, elle a cinq mois quand tu meurs, elle est de janvier, tu pars en juin. Emmie vient dans l'année qui vient, janvier c'est le premier mois. Tu pars en plein milieu, le compte est-il juste, est-ce que ça compte si l'on reste ainsi ?

Emmie signifie « Dieu avec nous ». « Matthieu » : « Dieu qui sauve ». Alice : « Noble lignée. »

Tout se suit, entre tous il y a un tour de garde, ici ou ailleurs, nous sommes veillés.

Emmie, nous l'avons le mercredi après-midi. Septembre est encore beau, je l'emmène sous le saule, ses branches se balancent sur nous, nous sommes dessous, ses yeux sont bleus et transparents comme du verre. Elle ne dit rien, elle laisse les feuilles lui caresser le visage. Emmie ne me regarde pas, elle lève la tête vers le haut, les rayons du soleil après seize heures sont à cet endroit même, ils transpercent jusqu'à nous. La lumière ne l'éblouit pas, c'est un soleil du couchant. Emmie ne ferme pas les yeux, elle sourit, elle s'accroche aux feuilles, dans sa main elle enferme un rameau.

Nous restons là le temps qu'il nous est possible. Nous avons tout avec nous.

La gynécologue qui ne m'a plus vue depuis trois années me reçoit un matin à la suite d'un désistement. Je ne désire pas me déshabiller, être visitée de l'intérieur, ni même les seins, je ne veux pas leur compression dans l'appareil spécifique : « la mammographie ». J'apprécie qu'elle ne me sermonne pas, je suis là pour être informée et son attention est directe, ses mains quittent son clavier d'ordinateur, elle écoute déjà, nous sommes quelques secondes dans le silence.

Elle ne sait rien, alors je lui raconte assez brièvement ce qu'il m'arrive, ce que je veux qu'il m'arrive encore, ce qui peut-être ne m'arrivera plus. Elle est touchée, je sais qu'elle est jeune mère, je la sens troublée, mais je reste concentrée sur mon récit, troublée, concentrée, directive. Je tente d'aller au plus près de ce qui doit être dit. Je saute des étapes, je vais droit au but, à l'essentiel. Elle prend une feuille à main levée, dessine le plus commun des organes reproducteurs féminins, cela me fait penser à un papillon, du moins son croquis y ressemble. Elle me dit que c'est mon utérus, là mes trompes clipsées depuis trop longtemps, leur remise en fonction quasi impossible, moins de deux pour cent de probabilité de réussite. Elles sont déjà très aplaties, par leur nature aussi fines qu'un spaghetti. Je ne le savais pas. Dessiné, tout paraît plus grand, accessible, finalement cela nous éloigne de la réalité.

Elle pointe son Bic vers un de mes ovaires sur son croquis, elle se met à le remplir d'ovocytes, fait des petits ronds, des petites vies, puis unit d'un trait l'ovaire à mon utérus. Elle le perce, c'est là qu'une autre vie peut commencer. Je suis informée. Je viens pour l'être. Je désire l'être. Je veux cet être.

Ce n'est pas de son ressort, me dit-elle, elle m'oriente vers une consœur qui pourrait mieux m'éclairer, m'aider, mais... Il y a ce « mais » qui objecte...

« Mais », je suis comprise.

« Mais », je me sens enveloppée quoique perdue. Elle partage mon envie, mon manque, ma pulsion. Elle voudrait quand même me visiter, mais je souffre au-dedans, on reporte.

Si je saigne ? « Non. »

Si j'ai arrêté de saigner à un moment ? « Non plus. » On reporte alors.

Mais si jamais il n'y avait pas d'obstacle, plus de « mais », je serais alors passée en revue, au peigne fin, mon psychisme aussi. Je suis informée.

Elle est formelle, j'ai ce droit, je suis encore dans le possible, je peux m'informer auprès d'elle à tout moment ou bien la tenir informée de la suite.

« Mais », elle comprend.

« Mais », je dois encore réfléchir.

« Mais »...

On commémore Matthieu ce vendredi dix septembre 2021 dans la même église. Un quart d'année, une saison d'été achevée, il n'y a pas eu d'été cette année, il va revenir pour rester dans ce mois de septembre. Une saison d'eau de pluie, de grisaille, de vent, d'éclaircies, de ciel capricieux. Ce vendredi, il a fait bon, un beau mois de septembre, déjà plus d'une semaine que les cours ont repris. Valentine est rentrée en quatrième secondaire, elle n'a pas de texte pour son frère, elle n'a plus de notes. Élyse n'est pas encore installée dans son kot, ils sont trois étudiants qui poussent leurs études en avant, entament un deuxième master, le sien se résume en une année sur les sciences politiques en anglais. Les cours sont donnés intensivement. Dans l'immeuble, certains sont des locataires étrangers qui louent à l'année, la maison est grande, spacieuse, rénovée, de hauts plafonds blancs, les murs sont blancs également, les parois des cheminées sont peintes en bleu roi. Je dis : « Comme le bleu de chez nous, notre montée d'escaliers. »

Richard, un homme d'une cinquantaine d'années travaille ici à Bruxelles depuis deux ans, une fois par semaine c'est lui qui prépare un bon plat pour la maisonnée. La cuisine est commune, les frigos rangés pour que chacun y trouve son compartiment étiqueté, l'ambiance est familiale.

Élyse n'a pas de texte, elle n'a pas eu les mots, ils ne lui sont pas parvenus.

Elle ne restera que quatre jours dans l'immeuble, oui, ils sont aimables, accueillants, mais c'est chez nous qu'elle veut « être », elle reviendra un jeudi au milieu d'une semaine de septembre avant que les cours ne commencent véritablement.

Elle veut dormir.

Elle est si fatiguée, mais ne dort pas, n'y arrive pas.

Elle cache ses yeux par un bandeau, bouche ses oreilles, je lui dis d'aller se coucher plus tard, d'aller se promener à l'air libre, je veux bien l'accompagner. Faire du bruit dans cet enfermement peut peut-être l'aider : écouter de la musique, une voix méditative relaxante, je trouve dans des restes de flacons d'huiles essentielles un peu de bergamote dont j'imbibe un tissu de coton qu'elle respire, l'olfactif pourrait l'apaiser aussi. Mais elle veut quelque chose de plus radical, d'ailleurs elle avoue avoir pris sans me le dire un somnifère dans nos boîtes. Elle est épuisée de combattre un sommeil qui ne veut pas d'elle ou bien est-ce elle qui se rebelle contre tout ce silence enfermé dans sa tête ? Elle ira dès demain chez le médecin, lutter contre l'endormissement l'affaiblit, elle ne dort que sur le matin, doit courir pour prendre son train, doit rattraper son retard, cela fait des jours qu'elle traîne le temps perdu.

Je suis contre le fait qu'elle ingère à nouveau un cachet, mais il est vrai qu'elle est une adulte. Je lui permets la moitié, la nuit passée a été bonne, je la regarde l'avaler devant moi avec un verre d'eau.

Demain, promis, elle ira chez le médecin.

Nous devenons trois à ne plus savoir fermer les yeux à la tombée du jour.

Valentine tombe comme une masse, rejoint sans peine l'« inconscience ».

Son « attrape rêve » je dis, c'est la seule qui en possède un, on devrait peut-être penser à en accrocher un au-dessus de nos têtes de lit.

Mon mari et moi sommes si habitués maintenant à cette consommation de formules chimiques, lui cela fait plus de trois mois; moi plus de trois ans, enchaînés à des maillons de fluor et de chlore. La formule sur papier est un ensemble de petits losanges qui s'emboîtent, leur accumulation vous rend d'autant plus amnésique.

S'il m'était possible d'oublier Matthieu, ne garder en tête que les filles, je pourrais dire alors: « Nous sommes, nous vivons à quatre, nous avons deux filles. » J'aimerais le dire sans donner l'impression de n'oublier personne.

Nous ne souffrons pas d'amnésie. Matthieu est dans nos têtes, il me faudrait plus de temps, plus de chaînes à losanges ou bien il faudrait tout stopper. Ça me rendrait toutes mes facultés, ça nous rendrait sobres. Le jour, on chercherait à combler les trous où Matthieu ne se trouve plus. Là, puis là, Matthieu par-ci Matthieu par-là, partout, on parlerait de lui jusqu'à la fin du jour. La nuit, on regarderait ses films, on rirait, on pleurerait et peut-être même on finirait par s'entourer de bras, on se toucherait au lieu de s'éviter comme nous le faisions déjà avant que Matthieu ne nous quitte. Après s'être apprêtés, on irait sur le chemin, on parlerait aux voisins, on remettrait ça, Matthieu par-ci, Matthieu par-là.

On porte déjà parfois ses vêtements, mes cheveux continuent de pousser. Quand je dis « on », c'est surtout les filles, leur père, moi parfois j'enfile un de ses tee-shirts. J'ai ouvert il y a peu sa garde-robe avec le sachet contenant ce qui le recouvrait lors de l'accident : l'odeur s'est imprégnée, je ne sens plus l'humidité de cette nuit-là, non, ce que je respire fait partie de son ADN, son sang, j'enfouis ma tête dedans, je le fais me sachant seule, il n'y a que l'odeur de son sang, il n'est peut-être pas que le sien après tout. Celui sur ton pantalon est sans nul doute le tien. Tes draps portent encore l'odeur de ton corps, je m'y colle, je sanglote, je pleure, toujours dans ma solitude. Je ne partage pas ce moment.

Nous restons encore sous-dosés, on n'en a jamais assez, toujours un poil au-dessus ou trop bas, on tremble trop ou bien on s'endort longuement.

Les plumes ne font que tomber sur le sol comme des feuilles d'automne. Elles sont mélangées, alors je les sépare, les mets en poche, dans un pot de fleurs, les accroche comme un rendez-vous sur un post-it sur l'arcade d'acier de la cuisine. Ces petites lettres blanches me viennent de la boîte du ciel. Pour la première fois, j'en ai vu une tomber en plein vol, seule. Je me suis approchée, j'ai vu une robe blanche bouffante, virginale. Je suis la première à la toucher. Je chercherai aussi longtemps que je le pourrai cet espace, j'irai plus haut s'il le faut, sur ce terril pour commencer, voir si ici tomberait un flocon de plume, voir si l'invisible autour a une forme, un semblant de forme comme une annonciation. On me dirait folle, je me dirais folle de joie.

Je monte souvent à pied en ville, continue de nager. On m'arrête, me parle de ma reprise de boulot, je n'en ai plus. Oui, ils savent, mais une reprise ailleurs, je dis que je suis dans l'usure, que je ne suis plus de bon secours pour ceux qui doivent être secourus.

Je leur dis que je vais lire en maternelle, bénévolement, ça demande du travail, de la préparation. Je vais peut-être aussi aller dans une autre école, secondaire cette fois, aussi bénévolement, ça demande encore plus d'approfondissement, plus de travail.

J'aimerais aussi, leur dis-je, contacter une prison, lire aux prisonniers. J'ai des coordonnées, celles d'un directeur de prison dans la région de Mons, ses mots sur son blog m'ont plu, ils sont authentiques. Il a mon âge, il vient de « Forest », il y reste trois ans, peut-être plus. Il a étudié la sociologie, la criminologie. Voici ses mots : « Travailler là-dedans, il faut tirer son chapeau ! Être détenu là-dedans, il faut tirer son chapeau ! Il n'y a pas de lumière, tout est vieux, tout est sale, on a beau nettoyer, ce sera toujours sale. »

Je prendrai prochainement contact avec lui, par lettre écrite, par téléphone, par lettre écrite, oui je penche pour l'écrit.

Je pense aux fêtes de Noël. Nous serons loin de chez nous. Nous irons à Amsterdam visiter des musées, faire du vélo, du patin à glace. Rentrer après s'être enrichis du Rijksmuseum et du musée Van Gogh, nous aurons feuilleté un livre en français s'il y en a encore. On regardera de vieux films si cela est possible. Après s'être réchauffés, on ressortira à quatre.

Élyse au bras de papa. Derrière, Valentine au mien.

Si l'un d'eux se retournait sur nous, il nous verrait sourire. Si l'un d'entre nous se retournait, il oserait peut-être dire « On n'attend pas Matthieu ? »

Et ce serait pour nous tous un Noël blanc, des plumes fondantes qui nous tomberaient par milliers, sur nos manteaux, nos bonnets, on lèverait la tête, on ouvrirait la bouche, on laisserait les plumes entrer en nous. Des rations pour les mois à venir, des gouttes de cristal pour terminer cette année 2021.

Il arrive que je sois prise d'une joie soudaine, il m'arrive de ne vouloir rien faire d'autre que de ne rien faire. Je pense parfois sans cesse à Matthieu, parfois moins. Il me vient, il me part. Pourquoi ?

Est-ce le surdosage des années précédentes qui évolue en moi ? C'est possible, je l'oublie, mais une demi-heure, il y a encore beaucoup de temps avant l'oubli « TOTAL ».

Augmenter les doses pour l'instant ça m'arrive oui, mais c'est occasionnel, c'est quand je n'arrive plus à voir ce que je regarde devant moi, n'entends plus ce qui se dit autour de moi, ne ressens plus ce qui m'entoure, alors oui je surdose mon corps, mon être, mon cerveau. Sinon, je comble mes journées. Je travaille, j'écris, c'est un travail. Je fais des recherches sur des auteurs encore inconnus pour moi, c'est un travail.

Je lis tout ce que je n'ai toujours pas lu dans mes meubles, c'est du travail. Je me lève pour voir les filles partir en cours, faire leurs sandwiches, remplir d'eau leurs gourdes, presser les oranges, les citrons, enclencher la cafetière, repasser un vêtement si elles désirent le porter ce jour-là, c'est un travail ménager.

Il aurait eu vingt ans.

Le jour après sa commémoration, on commémorait le onze septembre 2001. Vingt ans déjà.

Il y a dix-neuf ans, il lui restait à peine trois mois pour venir dans ce monde.

Il y a dix-neuf ans, ma mère me tenait à l'abri dans son ventre.

Je ne peux venir, je n'ai que six mois, je bouge beaucoup sous ses mains posées sur elle.

Je l'entends dire « Je pense à toutes ces familles dans le malheur et le doute, certains n'ont même pas pu le revoir une dernière fois. Tout comme moi. »

Je peux là où je me trouve ressentir ses larmes, sa tristesse, elle pleure seule, papa travaille. Élyse est couchée. Je sens qu'elle laisse ses mains sur elle pour que je ne sorte pas. Là où je suis, je ne crains rien encore.

Je nais après terme, je suis un garçon, personne ne le sait, je dois naître aujourd'hui, je suis affamé. Cette fois, elle est prête, maman est prête. Cette fois, elle n'écoute que son enfant. J'arrive en rampant, je bois, bois jusqu'à m'endormir repu. Je n'ai jamais connu la faim. Je me suis toujours servi jusqu'à la dernière goutte. Je suis parti rempli de lait, jamais en manque. Je suis parti, elle ne m'a pas vu, elle s'était endormie sur un de nos deux transats, je lui ai dit « Je m'en vais » dans son sommeil.

Elle ne s'est pas éveillée.

Elle n'en boit plus seule.

Elle le remplace par une capsule de cappuccino, de l'eau chaude passée dans une machine, une poudre de lait concentré, un filet de café. Elle ne sait quoi d'autre avaler pour se satisfaire sans moi avant de se coucher.

Maintenant que je ne suis plus, elle ne boit plus son lait chaud du soir.

Tous mes amis m'appellent MS7, mes parents continuent à dire Matthieu ou Mat, ils me coupent en deux, ils disent « notre chéri », « notre bébé », « notre amour », ça me plaît de l'entendre; « notre Amour », c'est le leur.

Matthieu.
M.S. VII

Nous sommes presque en automne, un été indien sans Indiens dans les rues, quel dommage, j'aurais besoin d'un chaman ou d'un humain à l'allure de guérisseur.

Je dois monter en ville dans moins de deux heures. Le faux travail me reprend. Fracassant. J'arrête le repassage d'un chemisier, je suis à genoux comme il y a de cela trois mois, c'est un faux travail.

Deux grossesses l'une sur l'autre, deux fausses. Les contractions se rapprochent, je me connais, je sais ce dont mon corps a besoin, deux antispasmodiques, un gramme de paracétamol, un anti-inflammatoire. Un shoot. Avec la prise une heure avant de mes vitamines capillaires et mon anxiolytique retard, qui agit sur la longueur, mes angoisses sont espacées, c'est mieux, beaucoup mieux. Je reprends le chemisier ? Je le termine et le suspends à un cintre.

Sous la douche, je fais mes exercices respiratoires, c'est juste à ne pas y croire, à ne plus me croire, pourtant lui, il me voit, mon mari. Je suis nue, tordue, rien dans mon profil ne laisse présager que je contiens quelque chose en moi de vivant. Est-ce une grossesse nerveuse comme le font les bêtes ? La douleur est pénétrante. Je respire comme un petit chien qui a soif, qui est essoufflé, un petit loup.

On ne saurait dire son sexe, on ne voit que ce qu'il réclame, à boire, à se reposer.

Je monte bien en ville, je viens d'expulser sous l'eau qui s'écoule sur mon dos ce « mal » de poussée en poussée.

Dans plus de douze semaines, nous serons à la fin de l'année. Il aurait eu vingt ans.

Je vais me mettre à ne plus calculer, à ne plus retenir sa date.

C'est toujours comme ça avec moi, je dois me repérer dans le temps avec des faits marquants.

Ce six décembre Saint-Nicolas

Le sept l'anniversaire de Matthieu. C'est ainsi que je me situe.

C'est ainsi aussi que je m'adresse aux miens : c'est quand encore cette année-là ? On se trouvait où déjà ? Ce n'est pas l'année où ? C'est juste après la naissance d'un de vous, je crois, cette année-là... C'est en même temps, c'est la même année, c'est bien ça ? C'est juste après l'année, celle où untel est parti...

Sinon, je confonds. Sinon.

Je dois toujours faire répéter, À droite, À gauche. « On est en quelle année déjà ? »

Silence, et puis « Maman, on est en 2021. »

Remerciements

Aux Éditions Renaissance du Livre pour leur confiance et leur écoute.

À Véronique Janzyk pour son soutien, son attention précieuse.

Aux amis et amies.

À ma famille, ma mère.

Aux amis et amies de mes enfants, de Matthieu.

Pour toutes les familles endeuillées et à tous les parents.

À mon mari, mes filles.

IMPRIMÉ PAR COLORIX (BULGARIE) EN MAI 2022
SUR DU PAPIER BOUFFANT EXTRA BLANC 90GR